藤澤和子 編著

公共図書館でできる
知的障害者への合理的配慮

樹村房

はじめに

　本書は，2016年度から2018年度にかけてJSPS科学研究費助成金基盤研究（C）課題番号16K00453を受けた「公共図書館における知的障害者への合理的配慮のあり方に関する研究」の研究成果報告書をもとに，研究期間終了後に実施した新しい取り組みや継続している活動等を加えて構成している。

　公共図書館の利用者として注目されてこなかった知的障害者に焦点をあてて，彼らの公共図書館の利用と読書支援を進めるための合理的配慮の意義や必要性を解説する。そして，何をどのような方法で取り組めばよいのかについて，公共図書館で実践したモデルケースを例に提案するものである。当事者が図書館に求めている事柄を調査し，その結果を参考に「わかりやすい図書や視聴覚メディア資料」「わかりやすい環境的配慮と情報提供」「職員によるわかりやすい対応と読書を届けるための支援」の3項目について，10種類の取り組みを実施している。

　これらは，本研究にご協力いただいた公共図書館でしかできない特別なことではない。2016年4月1日に施行された「障害者差別解消法」に示された合理的配慮が「障害のある人から何らかの配慮を求める意思の表明があった場合に，負担になりすぎない範囲で，必要な合理的な配慮を行う」と定義されているように，本書で示すモデルケースは，各図書館の事情に合わせて柔軟に応用可能な融通性をもっている。

　筆者が，知的障害者の読書支援に公共図書館の果たす役目は大きいと感じ始めたのは，2005年に「LLブックセミナー」を開始した頃にさかのぼる。LLブックセミナーとは，「だれもがみんな読書を楽しみたい，知的障害や自閉症，読み書き障害があっても願いはいっしょ」を合言葉に，大阪市立中央図書館の共催を得て，毎年1回講演者を招いて開催している活動である。知的障害者が障害のない人たちと同じように読書を楽しむために，LLブック等のやさしく読める媒体が必要とする人に届くことをめざすこの活動のなかで，彼らの読書を保障するためには図書館の協力が必要であることを強く感じてきた。その思いを，この研究で実行に移すことができたといえる。

　本研究は，知的障害者の福祉や教育に関わってきた人，図書館に関する専門性を有する人，取り組みを実践する公共図書館の三者の知見と実践力を合わせて遂行されてきた。実践をとおして，合理的配慮を進めるためには，公共図書館が，知的障害者の生活する施設や学校と連携し，意見を出し合い，当事者と直接コミュニケーションをとりながら取り組む必要性が明らかになった。そのため，本書の内容は公

共図書館の取り組みを報告しているものであるが，知的障害者に関わる福祉や教育関係者，養育者や支援者および障害者の諸団体，図書館のボランティア，そして，学校図書館の関係者にもぜひ読んでいただきたい。

　また，資料編には，取り組みの要点をわかりやすく紹介するマンガや，知的障害者およびさまざまな人々の図書館利用への理解を求めるポスター，日本十進分類法ピクトグラムを掲載している。これらは研究の成果物として公開されているので，館内掲示や取り組みの説明などに利用していただければ幸いである。

　執筆者一同，本書が知的障害者にとって利用しやすい図書館を実現するための一助となることを願っている。

2019年10月

編著者　藤澤　和子

公共図書館でできる知的障害者への合理的配慮──目次

はじめに ── i

1章　研究の目的と背景 ─────────────── 1
1 節　本研究の目的と方法 ── 1
1．目的 ── 1
2．研究方法と実施計画 ── 2
2 節　本書の構成 ── 3
3 節　公共図書館における障害者サービスの理念と現状 ── 4
1．障害者サービスの歴史と理念 ── 4
2．障害者差別解消法と障害者サービス ── 5
3．障害者サービスの現状と課題 ── 6
4 節　知的障害者への合理的配慮 ── 8
1．知的障害とは ── 8
2．知的障害者への合理的配慮の基本事項 ── 9
3．知的障害者への合理的配慮の具体例 ── 11

2章　海外の動向と先行事例 ─────────────── 14
1 節　IFLA の動向と事例 ── 14
1．オランダの事例 ── 15
2．ドイツとチリの事例 ── 16
3．アメリカの事例 ── 17
4．イギリスの事例 ── 18
2 節　スウェーデンの公共図書館における知的障害者への取り組み ── 19
1．公共図書館が行ってきた知的障害者への読書支援 ── 21
　LL ブックコーナーの設置／DAISY 図書等のアクセシブルな図書や資料提供／りんごの棚／朗読代理人の活動支援／個室の設置
2．2014 〜 2016 年『読書との出会い』(*Möten med läsning*) 機能障害をもつ人たちへの読書推進プロジェクト ── 26
　目的と方法／内容／まとめ／読書との出会いの取り組みについて

3章　知的障害者を対象とした図書館と本についての調査 ── 31

1節　知的障害者の公共図書館の利用実態とニーズ調査 ── 31

1．背景と目的 ── 31

2．方法 ── 31

調査の対象／調査の手続き

3．結果 ── 32

回答者の基本属性／公共図書館の利用経験／公共図書館利用の実態とニーズ／公共図書館未利用の理由

4．考察 ── 37

2節　知的障害者の読書支援のために求められる本 ── 38

1．背景と目的 ── 38

2．調査の対象と手続き ── 39

3．結果 ── 39

回答者の基本属性／質問1「好きな本について」／質問2「読みにくいわかりにくい本について」／質問3「こんな本がほしいについて」

4．考察 ── 44

好きな本について／読みにくいわかりにくい本について／こんな本がほしいについて／読書支援のための本の選定について

4章　知的障害者のための合理的配慮の事項 ── 50

1節　わかりやすい図書や視聴覚メディア資料 ── 50

1．LLブック ── 50

LLブックとは／LLブックのわかりやすい表現／難易度によるレベル分け

2．マルチメディアDAISY ── 53

3．LLマンガ ── 54

4．公共図書館のわかりやすい資料の提供 ── 55

2節　図書館利用のためのわかりやすい環境的配慮と情報提供 ── 56

1．ピクトグラムの利用：「NDCピクトグラム」を例として ── 56

2．わかりやすい利用案内の制作 ── 58

3．個室の設置 ── 59

4．理解・啓発のためのポスターの掲示 ── 60

3節　職員によるわかりやすい対応と読書を届けるための支援 ── 60

1．墨田区における福祉作業所での個人貸出 ── 61

2．施設での個人貸出の利点 ── 62

3．具体的な資料提供の事例 ── 63

ヌード写真集／タレントの本／マルチメディアDAISY図書の活用／その他
　４．来館によるサービス —— 65
　５．必要な支援や対応 —— 66

5章　公共図書館における合理的配慮の実践事例 —— 68
　1節　わかりやすい図書や視聴覚メディア資料の所蔵と提供事例 —— 68
　　１．LLブックコーナーの設置と効果 —— 68
　　　目的
　　　河内長野市立図書館／吹田市立図書館（千里山・佐井寺図書館，中央図書館，さんくす図書館）／桜井市立図書館
　　　全体のまとめ
　　２．マルチメディアDAISYの提供 —— 82
　　　目的
　　　河内長野市立図書館／吹田市立図書館
　　　全体のまとめ
　2節　わかりやすい環境的配慮と情報提供のための事例 —— 85
　　１．個室の設置と利用 —— 86
　　　目的とルール
　　　河内長野市立図書館／桜井市立図書館
　　　全体のまとめ
　　２．わかりやすい利用案内の制作と利用 —— 91
　　　目的
　　　吹田市立図書館／河内長野市立図書館／桜井市立図書館
　　　全体のまとめ
　　３．理解・啓発ポスターの制作と掲示 —— 96
　　　主旨／掲示
　3節　職員によるわかりやすい対応と読書を届けるための事例 —— 97
　　１．図書館体験ツアー
　　　目的
　　　吹田市立中央図書館／吹田市立千里山・佐井寺図書館／桜井市立図書館
　　　全体のまとめ
　　２．アウトリーチサービス —— 112
　　　目的
　　　河内長野市立図書館／吹田市立中央図書館
　　　全体のまとめ
　　３．障害者雇用 —— 117
　　　桜井市立図書館

6章　知的障害者支援のための読書サポート講座 ── 120

- 1節　目的・方法（運営・広報）── 120
  - 1．目的 ── 120
  - 2．公共図書館による運営 ── 120
- 2節　講座内容 ── 121
  - 1．講座の構成と概要 ── 121
  - 2．演習やワークを行った3講座の内容 ── 123
    - 講座3「知的障害のある方との関わり方」／講座4「知的障害者への本の紹介と読み聞かせ（実習付）」／講座5・6「代読の方法」
- 3節　アンケート結果と考察 ── 134
  - 1．参加者数 ── 134
  - 2．参加者の属性 ── 134
  - 3．講座への評価 ── 137
  - 4．参加後の読書支援への関心の深まり ── 138
  - 5．講座への希望 ── 139
  - 6．まとめ ── 140

7章　今後にむけての取り組みと課題 ── 142

- 1節　知的障害者への代読ボランティア養成と活動にむけて ── 142
  - 1．代読ボランティアの必要性 ── 142
  - 2．代読とは ── 143
  - 3．代読ボランティアの養成方法 ── 144
  - 4．ステップアップ講座の事例 ── 145
    - 日時と場所と講師／参加者と実習協力者／内容／参加者のアンケート紹介
  - 5．代読ボランティアの活動の事例 ── 147
    - 河内長野市立図書館／桜井市立図書館
    - 全体のまとめ
- 2節　本研究のまとめ ── 155
- 3節　今後の課題 ── 157

［資料編］

1．マンガで見る知的障害者への合理的配慮 ── 160
2．知的障害者およびさまざまな人々の図書館利用への理解・啓発ポスター ── 168

3．日本十進分類法ピクトグラム —— 170
4．LL ブックコーナーの図書リストと貸出数 —— 174
5．マルチメディア DAISY の所蔵リスト —— 185

謝辞 —— 187
研究発表 —— 189
さくいん —— 191

1章 研究の目的と背景

1節　本研究の目的と方法

1．目的

　2016（平成28）年4月に「障害を理由とする差別の解消の推進に関する法律」（障害者差別解消法）が施行され，公立図書館において障害者への合理的配慮の提供が義務化された。合理的配慮とは，障害のある人から何らかの配慮を求める意思の表明があった場合に，過重な負担が生じない範囲で，差別がないように適切な現状の変更調整を行うことである。適切な配慮が提供されるためには，当事者が改善を要求する意識をもち，それらを伝えていくことが重要になる。現在まで，公共図書館において視覚障害者への「障害者サービス」が目立って進んできた理由には，当事者の読書への権利意識が明確であり，図書館を利用して読書したいという要求を表明してきた実績によると考えられる。法律の施行から約3年経った現在においても，障害種別によるサービスの差が埋まったとは言い難い現状があり，知的障害者への合理的配慮についても暗中模索の状況である。その原因として，知的障害者へどのようなサービスや対応をすればよいのかがわからないという問題があると考える。知的障害の障害特性によって，当事者からのニーズの発信が弱く，図書館側に届きにくいという問題や，知的障害者とコミュニケーションをとることの難しさがある。さらに知的障害者は読書が苦手であるという印象が，図書館利用の推進を遅らせている可能性も否定しきれない。

　本研究では，公共図書館において障害者サービスが十分に提供されてこなかった知的障害者が公共図書館をどのように利用し，どのようなニーズをもっているのかを明らかにして，彼らに提供するべき合理的配慮の内容と提供方法を検討する。そして，公共図書館での実践を通して検証し，公共図書館でできる知的障害者への合理的配慮について提案することを目的とする。

2．研究方法と実施計画

　2016(平成28)年度より3カ年を研究期間とし，研究目的を達成するために4段階を設定して研究を進める。

第1段階（2016年度）
　　合理的配慮を行うにあたり，知的障害者の図書館や図書へのニーズを明らかにするために，知的障害者の公共図書館利用の実態とニーズ調査を当事者とその家族を対象に全国規模で実施する。その結果により取り組むべき合理的配慮の内容を検討する。

第2段階（2017年度前期）
　　知的障害者の図書館サービスについて海外の動向を調査し，参考事例を収集する。国際図書館連盟（IFLA）が提唱する知的障害者などの読んで理解することに困難のある人たちに対する指針に従って障害者サービスを実施している数カ国の事例を集める。スウェーデンの公共図書館において実施されている知的障害者への障害者サービスとLLブックの制作及び図書館でのLLブックの普及状況を視察する。

第3段階（2017年度後期〜2018年度前期）
　　当事者への調査結果と海外視察を総合的に分析し，取り組むべき合理的配慮を次の3項目として，3館の協力図書館で実施する。
　　①わかりやすい図書や視聴覚メディア資料
　　　知的障害者が読書を楽しみ情報を得ることができる資料を揃え，LLブックコーナーの設置やマルチメディアDAISYの体験と貸出を実施し，これらの資料の普及や効果を検証する。
　　②図書館利用のためのわかりやすい環境的配慮と情報提供
　　　障害特性に応じた館内の表示や設備，理解と啓発のためのポスターやわかりやすい利用案内について検討し実施する。
　　③職員によるわかりやすい対応と読書を届けるための支援
　　　図書館体験ツアーやアウトリーチサービス等の彼らが必要とする人的援助の取り組みを実施する。さらに，知的障害者の読書支援を行うことができる人を養成するための読書サポート講座，知的障害者の図書館雇用についても取り組

む。

第4段階（2018年度後期）
　研究全体のまとめとして，公共図書館で実施すべき知的障害者への合理的配慮の内容と方法を提案する。これから多くの公共図書館で取り組むことができる事例を合わせて，一般公開のシンポジウムや冊子等の形で成果を積極的に発信し還元する。

2節　本書の構成

　本書は，以下のように構成している。
　1章（本章）では，本研究の目的と方法，研究の背景となる公共図書館における障害者サービスの理念と現状，知的障害の基本的な定義と知的障害者への合理的配慮の基本事項について述べる。
　2章は，1927年に設立された国際図書館連盟（IFLA）の理念「すべての人が，文化，文学及び情報に，それぞれ理解できる形でアクセスできるというのが，民主主義的な権利である」とする理念に基づいて作成されたガイドライン「読みやすい図書のためのIFLA指針」を紹介し，その考えに従って行われているオランダ，ドイツ，チリ，イギリス，アメリカ，スウェーデンの公共図書館の知的障害者などへの障害者サービスの事例を報告する。
　3章は，知的障害者が公共図書館をどのように利用し，どのようなニーズをもっているのか，どのような本を求めているのかについて，当事者とその家族を対象に全国規模で調査した結果を報告する。この調査によって，本研究で取り組むべき合理的配慮について考察する。
　4章は，3章で考察した事柄と2章の海外の先進事例をもとに，合理的配慮を3つの項目と考える。わかりやすい図書や視聴覚メディア資料，わかりやすい環境的配慮と情報提供，職員によるわかりやすい対応と読書を届けるための支援の各項目について，具体例を示しながら内容と方法について考えを述べる。
　5章は，研究協力図書館で実施された3つの項目についての実践事例を報告する。各項目の取り組みは次のものである。
　「わかりやすい図書や視聴覚メディア資料」については，LLブックコーナーの設置とマルチメディアDAISYの体験と貸出，「わかりやすい環境的配慮と情報提供」については，個室，わかりやすい利用案内，ポスターの制作と掲示，日本十進分類

法のピクトグラムの制作，「職員によるわかりやすい対応と読書を届けるための支援」については，図書館体験ツアー，訪問して貸出するアウトリーチサービス，障害者雇用である。それぞれに目的，方法，評価，成果と課題等を報告し，全体のまとめを考察する。

6章は，知的障害者の読書支援を行う人を養成するために実施した読書サポート講座について，目的，実施と広報の方法，各講座の内容，参加者を対象としたアンケート結果を報告する。参加者からの講座開催や内容への評価を示し，今後継続することの必要性とアイデアを考察する。

7章は，3年にわたる本研究の成果と今後の課題について考えを述べる。とりわけ，今後の知的障害者への障害者サービスとして必要性の高い代読ボランティアの養成と活動について，実施事例を交えて紹介する。

3節　公共図書館における障害者サービスの理念と現状

1．障害者サービスの歴史と理念

　日本の公共図書館における障害者サービスの歴史は，1916(大正5)年9月の東京市立本郷図書館による「点字文庫」開設までさかのぼることができる。本格的に障害者サービスが開始されるのは，戦後も1960年代後半になってからである。

　今日の障害者サービスは，障害者だけへのサービスを意味するものではない。正しくは「図書館利用に障害のある人へのサービス」のことであり，これを略して障害者サービスと呼んでいるのである。つまり，障害者とは，「図書館利用に障害のある人」のことであり，障害者はもちろん，母語を異にする人，入院患者，受刑者なども含まれる広い概念である。当然ながら，このことは国際的にも同様である。ユネスコ（UNESCO）が1994(平成6)年11月に採択した「ユネスコ公共図書館宣言」では，「理由は何であれ，通常のサービスや資料の利用ができない人々，たとえば言語上の少数グループ（マイノリティ），障害者，あるいは入院患者や受刑者に対しては，特別なサービスと資料が提供されなければならない」と述べている。ここにいう「通常のサービスや資料の利用ができない人々」とは，まさに「図書館利用に障害のある人」のことであり，すなわち障害者サービスの対象ということになる。

　「図書館利用に障害のある人」という考え方は，障害の「社会モデル」にもとづ

いている。「個人（医学）モデル」とは異なり，障害を個人の状態のみで捉えるのではなく，社会・環境との関係のなかで把握しようとする考え方が「社会モデル」である。「個人（医学）モデル」にもとづくアプローチは治療やリハビリテーションなどの個人の状態へのアプローチとなるのに対して，「社会モデル」にもとづくアプローチは社会・環境にある障壁（バリア）の除去ないし軽減，具体的にはバリアフリーやユニバーサルデザインなどということになる。合理的配慮も，この「社会モデル」にもとづくアプローチの一つといえる。

　したがって，「図書館利用に障害のある人へのサービス」，すなわち障害者サービスとは，図書館（という環境）に存する障壁（バリア）を除去ないし軽減して，だれもが等しく図書館を利用できるようにするための取り組み全般を意味するといってよい。すでに紹介した「ユネスコ公共図書館宣言」には，公共図書館のサービスは「すべての人が平等に利用できるという原則に基づいて提供される」と謳われている。まさにこの原則を実現しようとする障害者サービスは，図書館サービスの基礎基本といっても過言ではないだろう。

　なお，障害者サービスのうち，母語を異にする人へのサービスについては「多文化サービス」，入院患者など来館の難しい人たちにサービスを広げる活動を「アウトリーチサービス」と呼ぶことが多い。

2．障害者差別解消法と障害者サービス

　2006（平成18）年12月，国連総会で「障害者の権利に関する条約」（以下，障害者権利条約）が採択された。この条約は，「全ての障害者によるあらゆる人権及び基本的自由の完全かつ平等な享有を促進し，保護し，及び確保すること並びに障害者の固有の尊厳の尊重を促進することを目的」としている（第1条）。

　国会と政府は，障害者権利条約の批准に向けての準備を進め，2013（平成25）年6月に「障害を理由とする差別の解消の推進に関する法律」（以下，障害者差別解消法）を制定した。この法律は，2016（平成28）年4月に施行された。

　障害者差別解消法では，公立の図書館を含む行政機関等には合理的配慮の提供を義務づけ，私立の図書館を含む事業者には合理的配慮を努力義務としている（第7条第2項及び第8条第2項）。合理的配慮は，「障害者が他の者との平等を基礎として全ての人権及び基本的自由を享有し，又は行使することを確保するための必要かつ適当な変更及び調整であって，特定の場合において必要とされるものであり，かつ，均衡を失した又は過度の負担を課さないものをいう」と定義される（障害者権利条約第2条）が，具体的な解説は本章4節を参照されたい。また，合理的配慮の

的確な提供に向けて,「自ら設置する施設の構造の改善及び設備の整備,関係職員に対する研修その他の必要な環境の整備に努めなければならない」としている(第5条)。この環境の整備のことを基礎的環境整備(または事前的改善措置)という。

　障害者差別解消法の施行を目前に控えた2015(平成27)年12月,公益社団法人日本図書館協会は「図書館利用における障害者差別の解消に関する宣言」を出している。この宣言では「全国のすべての図書館と図書館職員が,合理的配慮の提供と必要な環境整備とを通じて,図書館利用における障害者差別の解消に,利用者と手を携えて取り組むことを宣言する」としている。また,同じく日本図書館協会は,2016(平成28)年3月に,「図書館における障害を理由とする差別の解消の推進に関するガイドライン」を作成・公表している。このガイドラインでは,図書館における基礎的環境整備と合理的配慮の内容等を示している。しかし,知的障害者への対応を考えたとき,さらなる検討を要する点もあり,そこに本研究に取り組む意義の一端がある。さらに,日本図書館協会の障害者サービス委員会では,障害者差別解消法施行後の2016年11月に,このガイドラインを活用して「図書館利用に何らかの障害のある人へのサービス・配慮等を行っているかを確認するための」ツールとして「JLA障害者差別解消法ガイドラインを活用した図書館サービスのチェックリスト」を作成,公表している。

　なお,2019(令和元)年6月には,障害者の読書環境のさらなる整備充実に向けて「視覚障害者等の読書環境の整備の推進に関する法律」(読書バリアフリー法)が制定された。この法律の制定により,公共図書館における障害者サービスのいっそうの充実に向けた施策が立案,実施されていくものと期待される。

3. 障害者サービスの現状と課題

　国立国会図書館では,2017(平成29)年度に全国の公共図書館を対象とした障害者サービスの実態調査を実施した。同種の調査は,2010(平成22)年度に国立国会図書館が行って以来である。詳細は,国立国会図書館から報告書が刊行されているので,そちらを参照されたい。ここでは,知的障害者へのサービス提供の状況が把握できるいくつかの項目の結果を紹介したい。

　図1-1には,障害者サービスの利用者を示している。知的障害者は3番目に多くなっている。この図に示された利用者は,障害者サービスの利用登録をしている人であって,一般の利用登録もしくは登録せずに利用している知的障害者はもっと多くいるものと思われる(3章1節も参照)。

　資料の所蔵率を図1-2に示す。視覚障害者のニーズに対応する資料が上位にき

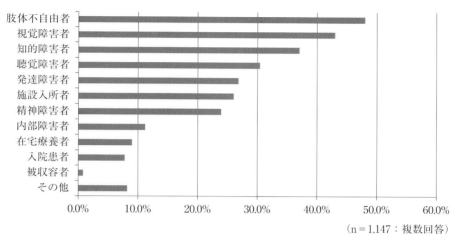

図1-1　障害者サービスの利用者

（n＝1,147：複数回答）

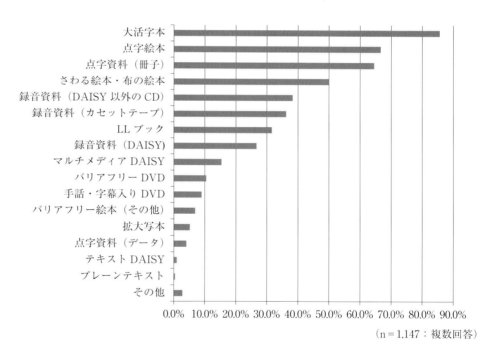

図1-2　資料の所蔵率

（n＝1,147：複数回答）

ている。しかし，LLブックやマルチメディアDAISYも2010年度の調査と比べると所蔵率は大きく伸びてきている。LLブックは1.8%（2010年度）から31.6%（2017年度）に，マルチメディアDAISYは0.9%（2010年度）から15.4%（2017年度）に，それぞれ所蔵率を伸ばしている。ただし，LLブックで見ると，1館当たりの所蔵タイトル数は「1〜10点」がLLブック所蔵館の8割となっており，所

表1-1 対面朗読サービスの利用対象

(n = 384)

視覚障害者で障害者手帳所持者に限定している	19.0 %
視覚障害者に限定しているが，障害者手帳の所持は問わない	19.8 %
視覚障害者だけでなく，活字による読書に困難のある人を対象としている	53.9 %
無回答	7.3 %

蔵率は伸びているものの，所蔵するタイトル数は少数にとどまっていることがわかる。ここには，LLブックの出版点数の少なさも関係しているものと推察される。

表1-1は，対面朗読サービスの利用対象を示している。「視覚障害者だけでなく，活字による読書に困難のある人を対象としている」が53.9％と半数を超えており，ここには知的障害者も含まれるものと考えられる。

以上から，知的障害者へのサービスは充実に向いつつあるものの，視覚障害者へのサービスの水準には達しているとは言い難い。さらなる充実を図るためにも，知的障害者のニーズにあった合理的配慮のあり方を提示することが求められる。

4節　知的障害者への合理的配慮

1．知的障害とは

1960(昭和35)年，現在の知的障害者福祉法の前身である精神薄弱者福祉法が制定されたが，ここに知的障害を定義する規定はなく，国はその後の全国的な実態調査で知的障害を定義するだけであった。実態調査でいう知的障害とは，「知的機能の障害が発達期（おおむね18歳まで）にあらわれ，日常生活に支障が生じているため，何らかの特別の援助を必要とする状態にあるもの」ということである。

厚生労働省では，従来から実施してきた全国的な実態調査である「身体障害児・者等実態調査」と「知的障害児（者）基礎調査」を統合し，2011(平成23)年から5年ごとに「生活のしづらさなどに関する調査（全国在宅障害児・者等実態調査)」を実施している。これは，これまでの法制度では支援の対象とならない在宅の障害児・者等を含み，その生活実態とニーズを把握することを目的としたものである。

直近の「生活のしづらさなどに関する調査（全国在宅障害児・者等実態調査)」は，2016(平成28)年に実施されたもので，その結果が2018(平成30)年4月に公表

された。これによると，知的障害者に公布される療育手帳の所持者は，前回（2011年）調査の 62.2 万人から 96.2 万人へと 34 万人も大きく増加している。知的障害は身体障害とは異なり，発達期の障害と位置づけられることから，近年の急速な高齢化の影響ではなく，障害福祉制度などを利用することへの認知度が増したと国の障害者白書でも分析している。

この 15 年程の間に大きく変化した障害福祉サービスなどを利用することへの関心と実態が高進しているということであり，生活のしづらさに代表されることがらについて，障害者本人，家族らと共に，社会の関心が高まっていると考えられる。このような状況の中で知的障害者への合理的配慮を社会的に考えなければならない。

知的障害の認定に関してもう少し補足する。知的障害であるかどうかの判断基準は，一般的に次の(a)および(b)のいずれにも該当するものを知的障害とする。

(a)「知的機能の障害」について

標準化された知能検査（ウェクスラーによるもの，ビネーによるものなど）によって測定された結果，知能指数がおおむね 70 までのもの。知能水準の区分は，最重度（おおむね 20 以下），重度（おおむね 21 〜 35），中等度（おおむね 36 〜 50），軽度（おおむね 51 〜 70）。

(b)「日常生活能力」について

日常生活能力（自立機能，運動機能，意思交換，探索操作，移動，生活文化，職業等）の到達水準が総合的に同年齢の日常生活能力水準と比較して，何らかの特別の援助を必要とする状態にあるもの。この程度も知能指数の区分同様に，最重度，重度，中等度，軽度と 4 段階に区分される。

したがって「知的障害」とされても，支援の必要度が非常に高い最重度の者から重度，中等度，そして支援の必要度が非常に限定的な軽度のものまで多様であり個々人によって様相が異なることを理解しておかなければならない。

2．知的障害者への合理的配慮の基本事項

2016（平成 28）年 4 月 1 日から施行された障害者差別解消法においては，障害のある人から何らかの配慮を求める意思の表明があった場合に，負担になりすぎない範囲で，社会的障壁を取り除くために必要で合理的な配慮（合理的配慮）を行うことが求められ，合理的配慮の不提供により，障害者の権利利益を侵害することは，障害を理由とする差別にあたる。

なお，日常用語としての「配慮」ということばには「思いやり」のようなニュア

ンスが含まれているだけに注意しておく必要がある。法制化された合理的配慮とは，個人の気持ち次第の「思いやり」ということではなく，共生社会にとって不可欠の前提となる機会平等であり，障害者の意向と両当事者の対話を重視するものである。また集団（一般）向けのものではなく個別具体的な個人向けのものである。

よって障害者が障害のない人と同じように活動できるようにするため，個々の場面で，物理的環境や時間および場所等を調整したり，人的支援などを行ったりすることで，同等の機会を提供するためのものという理解が必要になってくる。合理的配慮は，障害の特性や，配慮が求められる具体的場面や状況に応じて異なり，多様で個別性の高いものになる。障害者の置かれている状況をふまえて，代替手段の選択も含め，当事者間の対話による相互理解を通じて，必要かつ合理的な範囲で，柔軟に対応がなされる必要がある。さらに，合理的配慮は，技術の進展，社会情勢の変化等に応じて変わりうる。

ここで知的障害者にとって大きな前提条件ともなりうる「意思の表明」をとりあげたい。

合理的配慮は，障害者から何らかの配慮を求める「意思の表明」があったときに，対応することが求められる構造となっている。「意思の表明」は，言語だけでなく，手話，点字，音声，拡大文字，筆談，実物の提示や身振り，触覚などのコミュニケーション手段（通訳によるものを含む）によって行われる。さらに，「意思の表明」には，知的障害や精神障害（発達障害を含む）等により本人の意思表明が困難な場合に，家族，介助者，支援者等，コミュニケーションを支援する人が本人を補佐して行う意思の表明も含まれることにも留意が不可欠である。

さらになお，障害のある人（その家族，介助者，支援者等を含む）から，合理的配慮を求める意思の表明がなかった場合は，「合理的配慮の不提供」にはあたらないものの，配慮を必要としていることが明らかな場合には，話し合い，適切な配慮を提案するなど，自主的な配慮に努めることが望まれる。

このように，当事者からの意思の表明が難しい知的障害者の場合，不利な立場に置かれやすいという全般的な状況も含めて合理的配慮がなされることを推進していく必要がある。

「合理的配慮」の内容分類としては，物理的環境への配慮（車いす利用者のために段差に携帯スロープを渡すなど），意思疎通の配慮（筆談や読み上げ，手話などによるコミュニケーション，わかりやすい表現を使って説明をするなど），柔軟なルール・慣行の変更の配慮（休憩時間の延長など）などが挙げられている。

3．知的障害者への合理的配慮の具体例

　　内閣府のサイトに「合理的配慮等具体例データ集（合理的配慮サーチ）」[1]がある。「合理的配慮は，障害の特性や社会的障壁の除去が求められる具体的場面や状況に応じて異なり，多様かつ個別性の高いものです。建設的対話による相互理解を通じて，必要かつ合理的な範囲で，柔軟に対応がなされるものであり，本データ集に事例として掲載されていることを以て，当該事例を合理的配慮として提供しないことがただちに法に違反するもの（提供を義務付けるもの）ではない点にご留意ください」とあり，多くの事例が収集されている。

　「障害の種別から探す」として，全般／視覚障害／聴覚・言語障害／盲ろう／肢体不自由／知的障害／精神障害／発達障害／内部障害，難病等，「生活の場面から探す」として，行政／教育／雇用・就業／公共交通／医療・福祉／サービス（買物，飲食店など）／災害時と区分されている。また，全国のいくつかの自治体や関係機関が合理的配慮の事例を示している。

　これらの中から知的障害者を対象にとりわけ図書館でも参考となるものを，①物理的環境への配慮，②意思疎通の配慮，③柔軟なルール・慣行の変更の配慮に区分して以下にいくつか紹介する。

　①物理的環境への配慮
- 構内の案内サインを大型化し，ピクトサイン（案内用図記号）でわかりやすく表示する。
- トイレなどの部屋の種類や，その方向を示す絵記号や色別の表示などを設ける。
- 精算時に金額を示す際は，金額がわかるようにレジスターまたは電卓の表示板を見やすいように向ける，紙等に書く，絵カードを活用する等して示すようにする。
- 聴覚過敏の利用者のために，机やいすの脚に緩衝材をつけて雑音を軽減する。
- 集団に参加することが苦手だが，他の生徒とともに活動したいという希望のある生徒に対し，無理のないかたちで段階的に移行することとし，徐々に集団で行動する時間を増やす計画を立てる。
- 事故などが起こりやすい危険個所を本人や保護者等とともに確認し，障害の特性に応じた配慮を図る。
- 建物の全体像や周辺図がないと不安になる人向けに館内地図や周辺地図を用意する。

②意思疎通の配慮
・障害の状態に応じて，ゆっくり話す，手書き図を用いる，わかりやすい表現におきかえる等，相手に合わせた方法で会話を行う。
・申し込み書，しおり等書類や掲示物にルビ打ちや分かち書きをする。
・写真・イラストの使用により視覚的にわかりやすくする。
・意思疎通のために絵や写真カード，タブレット端末等を活用する。
・説明がわからないときに提示するカードを用意したり，本人を良く知る支援者が同席するなど，本人が理解しやすくなる工夫をする。
・キーワードを，見やすいようにカードを作成して説明する。
・適宜ジェスチャーを交えて，簡潔にゆっくり話す。

③柔軟なルール・慣行の変更の配慮
・自動貸出機の利用が難しい場合，障害の特性に応じ，操作を手伝ったり，窓口で対応したりする。
・タッチパネルの操作が困難な顧客に声かけし，操作を代行するなどの適切な対応を取る。
・クールダウンする場所，パニックや精神的に不安定になった場合でもリラックスできるよう静かな部屋，休憩室等を用意する。
・他人との接触，多人数の中にいることによる緊張により，不随意の発声や吃音等がある場合において，本人が了承した場合には，障害の特性や施設の状況に応じて別室を準備する。
・子どもが手続き等で待つことができず，動き回ったり騒いだりしてしまう場合に，その場所に椅子を持っていき，「ここで座って待っていようか」と声をかけ，親の用事が終わるまで話し相手をする。
・感覚過敏がある場合は，音や肌触り，室温など感覚面の調整をする。（イヤーマフを活用する，大声で説明せずホワイトボードで内容を伝える，人とぶつからないように居場所に衝立などで区切る，クーラー等の設備のある部屋を利用できるよう配慮するなど）
・整理券を取って受付の順番になると整理番号がモニターに表示されるしくみのサービスについて，表示されても気づくことができないため，受付担当者が整理番号を把握しておき，順番が来たときに声をかける。
・保護者や支援員と一緒に着席できるよう，他の利用者に席を替わってもらうなどして席の融通を利かす。
・おもらしをした時など着替え用のスペースがないため，プライバシーが保護できるように，人目につかずに横になって着替えられるスペースに案内したり，

周囲をパーテーションで囲って簡易ベッドを用意したりする。
- 普段と異なる場面が苦手でパニックになることのある人が，異変が生じた場合，状況が理解できるよう，わかりやすく丁寧にアナウンスする。
- 外見上，障害があるとわかりづらい利用者の受付票に，その旨がわかる連絡カードを添付するなど，スタッフ間の連絡体制を工夫する。
- 多機能トイレを利用したいという申出に対し，多機能トイレの近くにある席を優先的に利用できるようにする。

■引用文献
1：合理的配慮等具体例データ集（合理的配慮サーチ）
https：//www8.cao.go.jp/shougai/suishin/jirei/

■参考文献
国立国会図書館関西館図書館協力課編『公共図書館における障害者サービスに関する研究』（図書館調査研究リポート 17）国立国会図書館，2018.
日本図書館協会障害者サービス委員会編『図書館利用に障害のある人々へのサービス　上巻』（JLA 図書館実践シリーズ 37）日本図書館協会，2018.
野口武悟・植村八潮編著『図書館のアクセシビリティ：「合理的配慮」の提供へ向けて』樹村房，2016.

2章

海外の動向と先行事例

1節　IFLAの動向と事例

　国際図書館連盟（International Federation of Library Associations and Institutions：IFLA）は，1927年に設立された図書館・情報サービスおよび利用者の利益を代表する非営利の国際組織で，約140か国1400以上の団体の会員（2019年8月現在）がおり，本部はオランダのハーグ（Den Haag）にある。障害者関連のセクションとしては，LSN（Library Services to People with Special Needs，特別なニーズのある人々に対する図書館サービス）とLPD（Library Serving Persons with Print Disabilities，印刷物を読むことに障害のある人々のための図書館）がある。2008年にIFLAの組織変更があるまでは，両セクションとも公共図書館部会に属し，公共図書館の特別なニーズに関する調査研究を担当していた。現在は，LSNが図書館サービス部会（Division on Library Serving the General Public）に，そしてLPDが館種部会（Division of Library Types）に属する。

　LSNでは，特別なニーズをもつ人のための図書館サービスのガイドラインの開発が続けられており，それらは「IFLA公共図書館サービスガイドライン」においても障害者サービスの重要な資料として紹介されている。それらガイドラインの一つとして，知的障害者など，読んで理解することが困難な人を対象としたガイドライン「読みやすい図書のためのIFLA指針」の初版が1997年に，その改訂版が2010年に出版された。

　この指針には，「すべての人が，文化，文学及び情報に，それぞれ理解できる形でアクセスできるというのが，民主主義的な権利である」[1]という理念が流れている。改訂にあたっては，初版時にはなかった「障害者の権利に関する条例」（以下，障害者権利条約）の基本理念が加わっている[2]。なお，情報通信技術（ICT）の進展により，紙以外にDAISYなど，電子技術を活用した出版方法についても焦点をあてていることが大きな特徴となっている。

　「読みやすい図書ためのIFLA指針」の影響に加え，スウェーデンでは1968年頃

からこの指針のモデルとなった取り組みがあった経緯から，欧州を中心とした「easy-to-read」のネットワークが構築され，この指針が促進されていった。このような流れをふまえて，IFLA，特にLSNの活動を軸として，知的障害者などの読むことと理解することが難しい人への図書館サービスについて，海外の事例を紹介する。

1．オランダの事例

当時IFLAの理事であった，オランダのイングリッド・ボン（Ingrid Bon）は，2011年のIFLA年次大会において，「読みやすい場所（Easy-to-read Square）」というタイトルで講演を行った[3]。

オランダでは2007年に教育・文化・科学省が点字図書館を再編成し，そのサービスを公共図書館のシステムに組み込んだことで，公共図書館界では印刷物を読むことに障害がある（プリントディスアビリティ）人々にサービスをすべきだという認識がでてきたという。また，「オランダ政府は読むことに困難がある人たち，そしてオランダ語を母語としない人たちに配慮した読みやすい資料の重要性に気がついた。さらに，出版会社も，母語とするが読みに困難を抱えているオランダ人とオランダに住むが母語としない人々を対象とした資料の作成を行うようになっていった」と述べている。対象者は，初等教育の6〜7歳において読むことに問題があるディスレクシアやADHD，母語の問題でことばに遅れがある者，自閉症[4]や知的障害などさまざまな障害がある児童である。これらの人を対象として「読みやすい場所」，つまり図書館の中に一般の図書とは別に読みやすい資料を置く読書支援コーナーの設置が有効な方法であると紹介している。

この試みは，アムステルダムにあるハーレム（Haarlem）公共図書館から始まった。筆者もその図書館を訪問している。対応してくれたのはディスレクシアの息子をもつ図書館員であった。そこでは，読むことが困難な子ども用のあらゆるメディアが集められ，独特の人目をひく方法で利用できるようになっていた。読みやすい資料が，表紙が見えるように置かれている。親や教師が利用できる教育雑誌もある。資料の分類には，文字を使わずピクトグラムや写真などが使われている。また，本を広げたり，DVDを見たり，備え付けのパソコンや機器を利用したりするための居心地の良いスペースも設けられていた（写真2-1）。

このような試みは，後述するスウェーデンの「りんごの棚」（Äppelhyllan）と似ている。

写真2-1　オランダのハーレム図書館
出典：BON, Ingrid (2011). "Easy-to-read Square". Presented at: IFLA WLIC 2011-San Juan, Puerto Rico.

　　この「読みやすい場所」のためのウェブサイト「Makkelijk Lezen Plein」(http://makkelijklezenplein.nl) は，両親，教師，図書館員など，読書の問題を抱えている子どもを指導するすべての人に情報を提供するためサイトとなっている。

2．ドイツとチリの事例

　　両国とも障害者権利条約に基づいて，知的障害者などの読むことに困難がある人に，法律などの難解な文章を読みやすくして提供している。

　　ドイツでは，LSNの常任委員であるアン・シーボン（Anne Sieberns）がドイツの人権機関の図書館に所属していることもあり，情報アクセスは人権であるという立場から積極的に普及している。その活動の一環として，ドイツを含むEUにおける障害者の人権に関連した資料の読みやすい一覧を作成して公表している。また，ドイツ語の障害者権利条約や障害者の権利と参加などに関わる国内法を読みやすくして公開している。EUの「読みやすい図書」の共通ロゴの活用も推奨している。彼女の図書館を訪問したところ，読みやすい図書のコーナーにはそのロゴが目立つように使われていた（写真2-2）。

　　チリの国会図書館に所属するパオラ・モラレス（Paola Morales）は，2008年の障害者権利条約の批准後，障害者の情報のアクセス保障に合理的配慮として取り組んでいると述べている。チリでは，市民の関心のある法律の内容を明確かつ簡潔なことばで市民に提供することを目的とする「わかりやすい法律プログラム」(http://www.bcn.cl/leyfacil/index_html) が議会の承認を得た。これにより，さまざまな法律を簡単な質問と回答によって説明する法的ガイドが作成されるようになった。

写真2-2 EUの「読みやすい図書」の共通ロゴを活用した棚

また法律の内容を手話に翻訳した，手話による法的ガイドの映像も制作されている。

3．アメリカの事例

　LSNは，2018年のIFLA年次大会の事前会議として「インクルーシブな図書館サービス」と題するサテライト会議を開催した。そこでは，アメリカのミネソタ州にあるダコタ郡図書館のルネ・グラシー（Renee Grassi）が自閉症のある人々を対象とする図書館サービスについて，ダコタ郡のソーシャルサービス部門と連携して行ったプロジェクト（2017年）での経験をふまえた発表があった。当事者と，その家族や介護者への図書館サービスについて，以下のように紹介した[5]。

・図書館スタッフの研修

　　ミネソタ州の自閉症協会の教育プログラムのスペシャリストに相談しながら研修プログラムを企画し，図書館スタッフに障害の概要と自閉症にやさしいコミュニケーションの方法を共有してもらった。

・自閉症ブッククラブプログラムの開催

　　14歳以上の自閉症およびその他の障害がある人を対象に，交流の機会の提供し，図書館の利用法を教えることでライフスキルを学んでもらうこと，コミュニケーションのスキルを高めること，そして読書と読み書き能力の支援を目的として，毎月1回のブッククラブプログラムを開催した。月のテーマやトピックは，メンバー自身が選択し，そのサポートを特別支援学校の教員の助力を得ながら，図書館スタッフが行った。また個々の読書力のレベルに対応したフォーマット（音声版，ピクトグラムを併用する，わかりやすくする，拡大

版，マルチメディアにする等，読書を支援する方式）による支援も行っている。
・地域に向けたプログラムの開催
　　自閉症に関する著作者，研究者，専門家などを招き，自閉症に関するさまざまな研究論文や調査結果などを地域に提供し，自閉症のある人の支援者のネットワークを広げていった。
・感覚にやさしい土曜日と題するプログラムの開催
　　このプログラムでは，自閉症のある，またじっとしていることができない3～8歳の子どもを対象として，安全で，心地よい，彼らの特性に配慮した環境を提供した。そこでは，介護者のネットワークや専門家などがいつも常駐し，感覚にやさしいアプローチでおはなし会を行っている。その様子は下記の動画で見ることができる。
　　Sensory Enhanced Storytime
　　　https://www.youtube.com/watch?v=PSLJaETbNU8

　ダコタ郡図書館は以上のような取り組みにより，2018年から2年間，助成を受けることとなった。次のステップとして自閉症にやさしい「静かな場所」を館内に設けるために，当事者団体と相談をしながら，その改修を企画しているところである。

4．イギリスの事例

　静かにし続けていることが難しい，また予測のつかない行動をすることがある自閉症の人への公共図書館における図書館サービスの事例を紹介する。このサービスの研究およびそのためのネットワーク設立は，イギリスの知的障害者や自閉症の人を支援する非営利団体ダイメンション（Dimensions）と，イギリスの高学年児童および教育図書館協会（Association of Senior Children and Education Libraries：ASCEL）によって行われた。イギリスのエセックス州議会図書館のサラ・ミアーズ（Sarah Mears）も関わり，その発表がIFLAで行われた[6]。
　イギリスには，自閉症を抱えている人が70万人もいる（2017年のイギリスの自閉症協会調査）。ダイメンションが460人の自閉症の人とその家族にアンケートをとったところ，90％が，彼らに対する図書館の対応が改善するのならば，図書館に行きたいと言っているそうだ。回答者の一人は，「ひとりごとを言わないでいることはむずかしいので，変な目で見ないで，忍耐強くやさしく接してほしい」と答

えている。彼らのニーズに対して図書館は何ができるかについて，ASCELは上記団体とともにライブラリースタッフのための啓発動画を作成した[7]。この動画の中で，自閉症にやさしい図書館として以下のような対応を紹介している。

・わかりやすい標識の提示（トイレや水飲み場，静かまたはプライベートなスペースなど）
・館内の明確で整頓されたレイアウト
・話しかけるときは，介護者でなく，直接本人に
・静かでリラックスして本を読めるスペース（クッションなども置く）
・弱い光，心地よい手触り，静かな音楽など感覚にやさしいスペースの提供
・時には騒がしくしたり，興奮したりすることがあるが，自閉症の特徴を理解し，寛大な対応とそのためのプライベートスペースの確保
・献身的な自閉症にやさしいおはなし会，イベントなどの開催
　そこでは，騒がしいことも，動きも許され，批判されない！

実際にミアーズの紹介で，自閉症にやさしい図書館づくりに取り組んだエセックス州チェルムスフォード（Chelmsford）図書館の児童図書館を見学した（写真2-3）。案内してくれたのは，発達障害の子どもをもつ図書館員であった。子どもと親のための本が用意され，子どもの健康について専門家と相談する場所も設置されていた。ライティングの配慮がされたリラックスして本を読む場所では，元気よくこの場所を楽しんでいる子どもに出会うことができた。感覚を刺激してリラックスを促したり，興奮をした児童を落ち着かせたりする部屋やスペースも確保されている。紙の本だけでなく，DVDやオーディオブックなども用意されていた。コンピュータやタブレット端末を使用できる場所もあった。さらには，おはなし会のためのステージもつくられていた。

2節　スウェーデンの公共図書館における知的障害者への取り組み

　スウェーデンの公共図書館は，国民が読書できる場，平等に情報にアクセスできる場として，社会的に大きな役割を担っている。国民の知識や情報の差をなくすことでスウェーデンの平等な社会の実現に貢献してきた実績があり，障害者や移民，少数の先住民等のマイノリティの人々へのサービスが重要視されてきた。2013年の新図書館法においては，これらの人々へのサービスの強化を義務づけており，将

入り口

リラックスしながら本を読む場所

落ち着かせる場所

感覚を刺激する部屋の一部

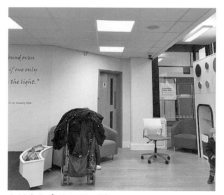
おはなし会のステージ

写真2-3　自閉症の人に配慮されたエセックス州チェルムスフォード図書館の児童図書館

来的にもいっそうマイノリティの人々へのサービスを充実させていく方針が示されている。

本節では、スウェーデンの公共図書館が実施してきた知的障害者への障害者サービスについて、長年にわたり実施されてきた取り組みと、2013年の図書館法改定後に実施された「読書との出会い」と呼ばれる活動を報告する。どのようなことが行われてきたか、そしてこれからどのような方向に向かうのかを示す。

1．公共図書館が行ってきた知的障害者への読書支援

多くの公共図書館で実施されている知的障害者などへの障害者サービスを5つ紹介する。

（1）LLブックコーナーの設置

読むことに難しさをもつ人たちを対象にわかりやすく制作されたLLブックを集めて排架するコーナーが、図書館内に設置されている。LLブックは、主な対象を知的障害者として出版が開始されたが、近年は移民や高齢者や認知症の人などにも多く読まれるようになっている。LLブックは、1960年代から制作が始まり、1987年にLLブックの出版を専門に行うLL協会が設立されてから現在まで年間約30冊出版されている。このように多くのLLブックが出版されているため、LLブックコーナーの冊数も当然多い。筆者が訪問した数館の公共図書館では、出入り口、あるいは館内の中間あたりの目につきやすい場所に設置され、表紙が見えるように数冊並べられていた（写真2-4）。一般書と同じようにあらゆるジャンルにわたるため、ノーシェピング（Norrköping）市立図書館では背表紙にジャンル分けのシールが貼られていた（写真2-5）。ハートのシールは、愛に関する物語の本を表わす。

2015年前後から、世界情勢の変化によりスウェーデンでは移民が急増し、スウェーデン語が読めない子どもや大人が増えている。そのため移民を対象とした多言語のLLブックが出版されるようになった。これは、移民の母語を尊重し、母語が十分でない障害者や教育を十分受けていない人たちに母語で読むことを援助するためのLLブックである。ツンバ（Tumba）市立図書館では、多言語のLLブックの棚が入り口近くの目立つ場所に設置され、スウェーデン語とアラビア語で書かれた同タイトルのLLブックが、表紙を見せて並べられていた（写真2-6）。

写真2-4　リーシェピング市立図書館LLブックコーナー

写真2-5　ノーシェピング市立図書館のLLブックのジャンル分けシール

（2）DAISY図書等のアクセシブルな図書や資料提供

　視覚障害者に加えて，読み書き障害や高齢者等のさまざまな人が，音声で聞ける録音図書と，画像（絵や写真）と音声とテキストが同期するマルチメディアDAISYのコーナーが設置されており（写真2-7），CD版を図書館で直接借りることができる。LLブックの録音図書とマルチメディアDAISYも制作されており，

2章　海外の動向と先行事例

写真2-6　ツンバ市立図書館の多言語LLブックコーナー（左）と並べられた2カ国語LLブック（右）

写真2-7　ハーニンゲ市立図書館の録音図書コーナー

　読むことに困難をもつ知的障害者も，聞くことで読書を楽しむことができる。図書館で所蔵されているCD以外の録音図書を聞きたいときは，公共図書館に依頼して録音図書を配信しているMTM（MYNDIGHETEN FÖR TILLGÄNGLIGA MEDIER，アクセシブルなメディア機関）から借りられるシステムになっている。

（3）りんごの棚

　視覚障害，知的障害，聴覚障害，読み書き障害などにより通常の本を読んで理解することが難しい子どもたちのために，読んだり聞いたり見たりして楽しめる本やDVD等を集めたコーナーのことを，「りんごの棚」（Äppelhyllan）という。かわいいりんごマークが目印である（図2-1）。1992年にヘルネーサンド（Härnösand）市の図書館が「りんご図書館」と名づけて始めたのをきっかけに，現在は多くの図書館に広がっている。

23

図2-1 りんごの棚のロゴマーク　　写真2-8 ハーニンゲ図書館のりんごの棚に並ぶ本とDVD

棚には，録音図書やオーディオブック，手話やピクトグラムの付いた本，読みやすい文章の絵本，さわる絵本，点字付き絵本などが並んでいる。また，大人向けにも，さまざまな障害に関する本や支援の方法を提供する本が並べられている。マルチメディアDAISYやDVDを見たり，パソコンが使えたりするスペースをもつ図書館もある。

ハーニンゲ（Haninge）図書館のりんごの棚には，背にりんごマークが付いた本が並べられている（写真2-8）。

（4）朗読代理人の活動支援

LLブックは，1960年代から出版され始めたが，知的障害者にLLブックのことが知られない，読まれないという問題が明らかになってきた。そこで，1994年に地方自治体，公共図書館，成人教育の団体，特別支援学校，FUB[8]（全国知的障害者協会）などのメンバーによるワーキンググループが結成され，朗読代理人制度の本格的な導入が始まった。

この制度は，介護・高齢者施設，デイセンター，グループホームなどで働く正規のスタッフを対象としたもので，施設などで読書を日常生活の一部とするための重要な役割を担う人を養成する目的でつくられた。日常生活の中で定期的に朗読時間を設定してLLブック等の読みやすい本を選んで朗読する，図書館と連携して劇をするなどの読書に関する楽しいイベントを行う，同僚にも読み聞かせることを勧めるなどの活動を行っている。朗読代理人になるには，わかりやすい図書や朗読方法を学ぶ1日程度の研修を受け，その資格を取得する必要がある。有資格者にはその後も定期的に情報を得ることができるように新聞が配付されるなど，継続的な教育が受けられるシステムになっている。

図書館は，朗読代理人研修を主催している成人教育連合会[9]の研修会の開催に協力し，受講者に本の選択，読む環境や適切な時間，読み方についての指導や助言を行っている。さらに有資格者に，日常的な本の選択や図書館の利用についての助言も継続して行っている。

（5）個室の設置

　障害者，多様な人種，子どもや高齢者等，さまざまな人が利用する公共図書館には，子ども用，青少年用，障害者用の部屋やコーナーがつくられているところがある。筆者が訪問したリーシェピング（Linköping）市立図書館では，障害者のための部屋が1階の奥に設けられていた（写真2-9）。認知症や知的障害者や自閉症等の人が，支援者と一緒に使ったり，支援者だけが話し合いをするためにも使用されている。10畳ほどの広さでテーブルや椅子がいくつか並べられ，図書館の人に求めることで使用できる。

　子どもコーナーには，日本のコーナーと同じようにたくさんの絵本などが集められ，一人になれる椅子やくつろげる椅子が置かれている。ウプサラ（Uppsala）市立図書館にはキャスター付きの囲いのあるボックスの中で本を読むことができる（写真2-10）。ハーニンゲ市の図書館では，10代後半の人たちが本を読んだりグループで話ができる青少年の部屋を設けて，読書離れを阻止する目的で使用していた。

　このようにさまざまな人が利用しやすい環境をつくるための工夫の一つとして，個室やグループで使用できる部屋が設置されている。

写真2-9　リーシェピング市立図書館のさまざまな方法で読むことを支援する部屋

写真2-10 ウプサラ市立図書館の子どもコーナーにある一人で本が読めるキャスター付きボックス

2．2014～2016年『読書との出会い』(*Möten med läsning*) 機能障害[10]をもつ人たちへの読書推進プロジェクト

　ハーニンゲ図書館館長のピア・アンデション・ブレードラート（Pia Andersson Wredlert）が芸術文化振興会の助成を受け，ストックホルム（Stockholm）県の5市5館が参加して取り組まれた，機能障害者（personer med funktionsnedsättning）を対象とした読書推進のプロジェクトである。
　2で紹介した取り組みは，図書館が知的障害者らにLLブックやDAISY図書等の資料を提供する機会や環境をつくる，また当事者に関わる人たちを支援するものであり，当事者に図書館員が直接関わる内容ではなかった。このプロジェクトは，図書館が直接的に障害者の読書支援をする新しい活動として意義づけることができる。
　プロジェクトが実施された2014年の前年2013年には「新図書館法」が施行され，障害者やスウェーデン語以外，または少数言語（サーミ語等）を母語とする者に対するサービスの強化が図書館に義務づけられている（第4条および第5条）。このプロジェクトの実施には，その影響があると考えられる。
　プロジェクトのリーダーであるピアは，2014年から2016年にかけて行われた図

書館による取り組みを『読書との出会い』（*Möten med läsning*）[11] という報告書に詳しくまとめている。ここからは，『読書との出会い』に記された事柄と，2017年9月の訪問時に著者のピアやハーニンゲ図書館のプロジェクトメンバーのヘレナ・アンデション（Helena Andersson）から聴取した内容をもとに報告する。

（1）目的と方法

　機能障害者が図書館を利用して読書を楽しむために，公共図書館が取り組んだ先行事例を提案することを目的とする。

　参加した図書館は，ボーツシルカ（Botkyrka）市，ウップランドベースビー（Upplands Väsby）市，バレンツーナ（Vallentuna）市，ハーニンゲ市，テービ（Täby）市にある5館である。

　5館がそれぞれに機能障害者が読書を楽しむために何をすればよいのかを検討し，必要な関係機関や専門職と連携をとってプロジェクトは進められた。

（2）内容

　各館が対象グループと協力パートナーを決めて，デイセンター，グループホーム，特別支援学校等と連携し，指導員や教員の協力を得て取り組んだ。主には機能障害者を図書館に招いて行われた。

　ボーツシルカ市のツーリンゲ（Tullinge）図書館は，知的障害者の訓練学校[12]と協力し，生徒たちを図書館に招いて，選んだ本の物語を劇にして生徒たちが役を演じる演劇の取り組みを行った。

　ウップランドベースビー図書館では，認知症のデイセンターと協力して，朗読したり読んだ本について語り合ったりする時間を定期的に設けた。

　バレンツーナ図書館は，デイセンターとグループホームと協力して，読み聞かせや歌や劇の取り組みを行った。

　ハーニンゲ図書館は，市内のハンドメイド（手づくり）グループやアートワークのグループと一緒に実践した。ハンドメイドグループでは知的障害者や聴覚障害者が，アートワークグループでは20人ほどの知的障害者が活動している。本を参加者で選び，その物語に関係する小物づくりに取り組んだ。「恐ろしい魚」というタイトルの本に，布や綿，自転車のチューブ，ビーズ，パテン紙（型紙），コルク，スチールスプリング等のたくさんの材料を使って出てくる物を作った。

　また，プロジェクト以前から，本を届けるためのブックバスでデイセンターを訪問して，読み聞かせやブックトークをする取り組みが定期的に行われている。月に1回の訪問時には，たくさんのLLブックが積まれ，個人貸出が行われている。そ

「恐ろしい魚」のアートワーク　　　　ブックバス
出典：*Möten med läsning*, p.20.

ブックバスで本を借りる利用者　　　　デイセンターで読み聞かせ

写真2-11　ハーニンゲ図書館での取り組み

れを楽しみにしている人は多い。ブックバスは，障害者専用のものではなく，保育園や高齢者のグループホームも訪れている。

　テービ図書館は，市内のグループホームと協力し，朗読，映画鑑賞，演劇の取り組みを行った。例えば「目の見えない花屋」という物語の読み聞かせでは，プロジェクターを使って花の絵を見せ，その後，薄くてきれいな色紙で花づくりを楽しんだ。

　これらの取り組みは，市のアクセシビリティコーディネーター，市の障害者福祉の担当者，スピーチセラピスト，リハビリテーション及び健康担当者，機能障害者団体等の協力と専門職による助言や指導を得て実施された。劇をするときには，障害者や子どもたちへの指導を専門としている劇指導者や音楽家が指導に加わり，聴覚障害者には手話のできる劇指導者が参加した。小物づくりでは，さまざまな素材を使ったアートの専門家にアイデアの提供を得た。

(3) まとめ

　参加した当事者から楽しかったという感想が多く聞かれ，取り組みを通して読書と図書館を利用する楽しみを提供することができた。また，図書館員と施設の指導員が，取り組みの必要性と重要性の認識を共有することができた。ただし，参加者

の多くが楽しめる本の選択や興味のある取り組みを決める難しさがあった。また，住居と図書館との間の距離が来館の妨げの一つとなるケースもあった。実施するにあたって，図書館員が，参加する当事者が生活する施設の指導員や専門職と連携する必要性が明らかになった。

（4）読書との出会いの取り組みについて

「読書との出会い」の取り組みは，今までになく，図書館員が障害者に直接関わる活動であった。新図書館法にある障害者サービスを強化する一つの方法を示す内容だと考えられる。自分から図書館に行ったり読書したりすることに積極的ではない人が多い知的障害者に対しては，LLブックを揃えて図書館で待っているだけでは十分ではないことを示している。直接関わって読書支援をするためには，施設職員との関係を築いて協力し合うことが大切であり，当事者が楽しめる取り組みを実施するためには，専門職のサポートを必要とすることがわかった。多くの本がある図書館を利用した劇や朗読や小物づくりは，物語に入り込んで想像するには，とても良い環境だったと思われる。演じることで主体的に物語を体験し，作ることで物語を現実のこととして想像し，一緒に読み歌うことで他者と一体感をもって楽しむ経験は，読書と図書館の楽しみを十分感じさせるものだった。このような図書館員の活動は，読書という概念と従来の図書館のイメージを変え，より身近なアクティブな場として図書館が機能障害者に利用されていく道筋を示したと考える。プロジェクト終了後も，4館は取り組みを継続する予定だと聞いた。このような活動が特別なプロジェクト期間にとどまらず，日常の図書館サービスの一つとなることを期待したい。

■注・引用参考文献
1：TRONBACKE, Bror. "Guidelines for Easy-to-Read Materials". IFLA. 1997, 38p.
2：NOMURA, Misako, NIELSEN, Gyda and TRONBACKE, Bror. "Guidelines for Easy-to-Read Materials-Revision". IFLA. 2010, 31p.
3：BON, Ingrid（2011）. "Easy-to-read Square". Presented at: IFLA WLIC 2011-San Juan, Puerto Rico.
日本障害者リハビリテーション協会訳「Easy-to-read Square —読みやすい場所—」障害者保健福祉研究情報システム
http://www.dinf.ne.jp/doc/japanese/access/ifla/mlp/ifla2011_ingrid_bon.html,（参照 2019-08-06）.
4：アメリカ精神医学会（APA）の『精神障害の診断・統計マニュアル』DSM-5から，自閉症は軽度から重度まで連続している障害であるという意味で「自閉症スペクトラム」という名称が使用されている。本書では，同義語として「自閉症」を用いる。
5：GRASSI, Renee（2018.）"Stronger Together: Successful Community Partnerships Serv-

ing Youth with Special Needs in American Public Libraries". Paper presented at: Satellite Conference of IFLA WLIC 2018 – Singapore.
6：MEARS, Sarah（2017）."It takes a community to raise a reader: Autism friendly libraries". Paper presented at: IFLA WLIC 2017 – Wroclaw, Poland.
7：Dimensions & Association of Senior Children and Education Libraries, Dimensions autism friendly libraries training video for library staff
https://www.youtube.com/watch?v=BJLbbJW1BpA,（accessed 2018-08-06）.
8：FUB は 1956 年に結成された。知的障害児者，家族，知的障害者に関連する仕事や研究に就く人などから構成されており，現在国内に 150 以上の支部をもち，約 27,000 人が入会している。
9：成人教育連合会は 18 歳以上の人を対象とした基礎教養や高校卒の資格をとる等の再教育を受ける機会を与える教育機関である。外国語や電気士等の資格をもつ人の研修サークルも担っている。
10：機能障害は知的障害や自閉症等の障害を表している。
11：Pia Andersson Wredlert, *Möten med läsning – när bibliotekens verksambet når, flerRegionbibliotek*, Stockholm, 2016.
12：訓練学校は普通の義務教育課程で求められる水準に達することができない学習障害をもっている人たちを対象にしている。一般的義務教育課程と違い理論的な教育よりも訓練を目的としたコミュニケーション，文芸活動，運動技能，現実的な日々の活動の教育を行う。

＊本章に掲載した写真は主に筆者による撮影
写真 2-2・2-3：野村美佐子（2016 年 3 月ドイツ，2018 年 11 月イギリス）
写真 2-4 以降：藤澤和子（2017 年 9 月スウェーデン）

3章

知的障害者を対象とした図書館と本についての調査

1節　知的障害者の公共図書館の利用実態とニーズ調査

1．背景と目的

　2016(平成28)年4月に「障害を理由とする差別の解消の推進に関する法律」(障害者差別解消法)が施行され，公共図書館のうち公立図書館においては障害者への合理的配慮[1]の提供が義務化された(私立図書館には努力義務)。とはいえ，視覚障害者のように公共図書館へのニーズとそれをふまえた対応方法がよく知られている障害者と違って，知的障害者のニーズとそれをふまえた合理的配慮の内容は十分に明らかになっているとは言い難い現状にある。

　そこで，本研究では，公共図書館において知的障害者のニーズを反映した的確な合理的配慮の提供のあり方を検討するために，知的障害者およびその家族を対象に公共図書館利用の実態と公共図書館へのニーズについての調査を行った。

2．方法

（1）調査の対象

　当事者団体である全国手をつなぐ育成会連合会（以下，育成会連合会）の会員である知的障害者とその家族（支援者を含む。以下同じ）で，調査協力の意思が確認できた人を対象とした。育成会連合会は，知的障害のある人とその家族，支援者で構成された会員約20万人の全国組織である。

（2）調査の手続き

　調査は，質問紙調査により実施した。知的障害者が回答しやすいようにわかりやすく書かれた選択回答形式を中心とし，一部自由記述形式を併用した質問紙を作成

した。質問紙は1,100通用意し，育成会連合会の全国にある支部55カ所を通して，支部に20通ずつ配布し，各支部で無作為に20名の会員を抽出して回答してもらった。調査協力の意思が確認できた会員に配布した。

調査期間は2016（平成28）年9～11月とし，知的障害者本人，あるいは家族が本人に聞き取りをして，質問紙に記入し，郵送による返答を求めた。

3．結果

質問紙調査の結果，全国から616件の回答があり，回収率は56.0％であった。無効回答が12件あったので，604件の有効回答で結果を集計・分析した。

以下，本稿では，主だった調査項目の結果を報告する。

（1）回答者の基本属性

回答者の年齢は表3-1のとおりであった。無記入者を除いた人数の内，20歳以上の成人が526人で87.1％を占めた。

表3-1　年齢構成

年齢	0～9	10～19	20～29	30～39	40～49	50～59	60～69	70～79	無記入	計
人数	8	70	158	151	127	48	16	2	24	604

性別は，男性391人，女性196人，無記入17人であった。

療育手帳[2]別には，A（重度）が274人，B（中・軽度）が269人，その他11人，無記入50人であった。

記入者別には，本人211人，家族の本人への聞き取りによる記入276人，家族の記入（聞き取りなし）77人，無記入40人であった。本人と，本人への聞き取りによる記入を合わせると80.6％となり，知的障害者の意見が把握できる調査結果になったといえる。

（2）公共図書館の利用経験

公共図書館の利用経験がある人は428人（70.9％），ない人は176人（29.1％）であった。

（3）公共図書館利用の実態とニーズ

まず，公共図書館の利用経験がある人の利用の実態とニーズをみていく。

1）年間の利用回数

2015(平成27)年8月～2016(平成28)年7月の1年間に公共図書館に来館して利用した人の年間の利用回数は表3-2のとおりであった。この期間に利用した人は，ほぼ毎日から年1回の人まで340人（79.4 %）であった。利用回数は，年に1～3回が最も多く，次いで月に1～3回だった。

表3-2 年間の利用回数

利用回数	ほぼ毎日	週に1～3	月に1～3	年に4～8	年に1～3	年に0	不明	計
人数	9	48	129	4	150	79	9	428

2）公共図書館に来館してしたこと

公共図書館に来館してしたことは図3-1のとおりであった。回答人数は419人，回答数は798件であった（複数回答可）。

「本や雑誌を読む」が307件（38.5 %）と最も多く，「本や雑誌を読む」と「DVDやCDを見る・聞く」と「新聞を読む」を合わせた資料の閲覧に関する回答が452件と56.6 %を占めた。それらを借りる・返すとの回答も225件（28.2 %）であった。療育手帳別にAとBの差を見ると，「本や雑誌を読む」「DVDやCDを見る・聞く」「新聞を読む」の回答件数の合計は，Aが205件，Bが210件でほぼ同数で

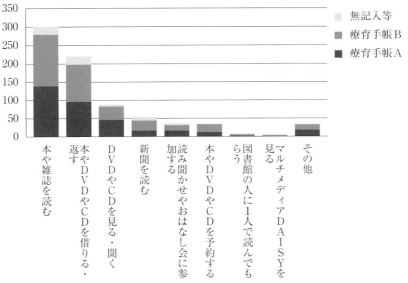

図3-1 公共図書館に来館してしたこと

あり，障害程度に関係なく資料が閲覧されていた。

一方，読み聞かせやおはなし会への参加が36件，1人で読んでもらう代読（対面朗読）が8件，マルチメディアDAISYを見るが6件となり，障害者サービスに該当する利用経験は少なかった。また，予約する人も36件と少なかった。

その他の記述は35件あり，映画鑑賞，併設会場のコンサートへ行く，インターネットをする，絵や文字を書く，宿題をするなど，さまざまに利用されていた。

3）公共図書館で困ったこと

公共図書館で困ったことは図3-2のとおりで，回答人数は326人，回答数は579件であった（複数回答可）。

「読みたい本がどこにあるかわからなかった」という排架や展示方法のわかりにくさで困ったという回答が143件（24.7％）と最も多かった。「読みたい本や雑誌がなかった」134件，「聞きたいCDや見たいDVDがなかった」87件，「読もうと思った本が難しかった」60件と，資料について困ったとの回答が48.5％と半数近くを占めた。療育手帳別に結果を見るとAとBは123件と同数であり，障害程度に関係なく閲覧したい資料がなくて困っている状況であることがわかった。

「質問できる人がいない」という人的な支援については50件，「借りる方法」「予約する方法」といった利用方法のわかりにくさが，それぞれ42件，32件であった。

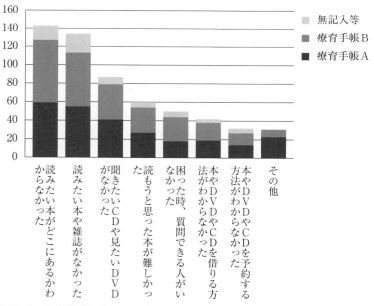

図3-2　公共図書館で困ったこと

その他は 31 件あり，「静かにできない」が 13 件と最も多かった。他にも「走る」「クールダウンの部屋がない」「破る」「自閉的行動をとる」という行動が挙げられ，静かにしなければならないという現在の公共図書館のルールに合わせた行動をとることの困難さを示していた。

4）公共図書館へのニーズ

公共図書館へのニーズは図 3-3 のとおりであった。回答人数は 352 人，回答数が 851 件あり，ニーズの多さが示された（複数回答可）。

「わかりやすい本がほしい」が 161 件（18.9 %）で最も多く，「わかりやすい DVD や CD がほしい」を合わせると，わかりやすい資料へのニーズが 249 件（29.3 %）あった。次いで「読みたい本を探すのを手伝ってほしい」が 138 件（16.2 %）であり，これらの回答は，困ったことの回答の上位 2 つである「読みたい本がどこにあるかわからなかった」と「読みたい本や雑誌がなかった」に対応していた。

「困った時に質問できる人がいてほしい」という人的支援へのニーズが 123 件（14.5 %）で 3 番目に多く，「本を借りたり返すことを手伝ってほしい」84 件，「予約することを手伝ってほしい」59 件という利用方法への人的支援を合わせると，

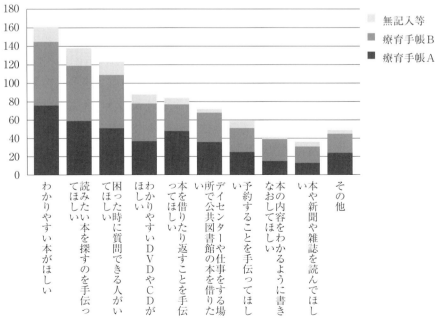

図 3-3　公共図書館へのニーズ

266件(31.3%)であった。

また,「デイセンターや仕事をする場所で公共図書館の本を借りたい」が72件(8%),「本の内容をわかるように書きなおしてほしい」が41件(4.8%),「本や新聞や雑誌を読んでほしい」が36件(4.2%)あった。

その他の回答は29件あった。さまざまな内容の回答からは,ニーズの多様性を示していた。最も多かった回答が「個室がほしい」「マンガがほしい」各5件,「声がでても多めにみてほしい」4件であった。

(4) 公共図書館未利用の理由

次に,公共図書館を利用した経験のない176人に,利用しない理由を聞いた。回答人数は170人,回答数が291件あった(複数回答可)。回答結果は図3-4のとおりであった。「本や雑誌を読むことに興味がない」という理由が51件(17.5%)で最も多かった。「行ってみたいが,1人では行けない」「行ってみたいが,いっしょに行ってくれる人がいない」を合わせると71件(24.9%)となり,行きたい要求はあるが,同行する人がいないために行けない人が多くいることがわかる。また,「家から遠い」という立地環境の問題も42件あった。

「図書館を知らない」「場所を知らない」「何をしているところかわからない」を合わせると77件(26.5%)あり,公共図書館の機能や場所が知られていない実態も示された。療育手帳別に差を見ると,差が大きい上位2つに,「図書館を知らない」「行ってみたいが,1人では行けない」が入り,どちらも重度の人が多かった。

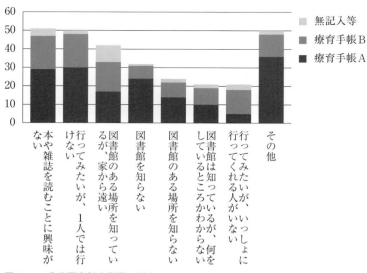

図3-4 公共図書館未利用の理由

利用しないその他の理由には,「声をだして静かにできない」が 15 件と最も多く,次いで「じっとできない」「破る,汚すことが心配」であった。

4．考察

以上の調査結果から,知的障害者のうち公共図書館の利用経験がある人は 7 割であり,そのうち,2015(平成 27)年 8 月～ 2016(平成 28)年 7 月の 1 年間に利用した人は 8 割であった。2010(平成 22)年に国立国会図書館が実施した調査では,「障害者サービス」を利用した知的障害者がいると回答した公共図書館が 74 館（4.9 ％）であったが,2017(平成 30)年の調査では 424 館（37.0 ％）と増加した。この結果から実に多くの知的障害者が公共図書館を利用している実態が明らかになった。

このことは,知的障害者の多くが,「障害者サービス」の利用者登録をせずに,公共図書館を利用していることを意味する。したがって,伝統的な「障害者サービス」の枠にとらわれず,知的障害者のニーズをふまえた合理的配慮を提供していく必要があるといえる。その合理的配慮の内容を考えるヒントが 2017 年の調査結果から得られた。

すなわち,公共図書館を利用する主な目的は資料の閲覧と貸出で 84.8 ％を占めていたが,読みたい資料がない,本が難しかったことで困っている人が多いという実態がわかった。また,わかりやすい資料へのニーズも高かった。これらの結果から,合理的配慮で最も必要なことは,知的障害者がわかりやすく読みたい資料を集めて排架し,閲覧・貸出ができるようにすることであると考える。そして,資料を見つけやすくする排架方法の配慮や一緒に探すといった人的な支援も重要である。人的支援としては,貸出・返却・予約の利用時や,困ったことがあった時についても求められており,知的障害者には,職員などによる人的な支援の必要性が高いと考えられる。

デイセンターなどの生活の場へ本を届けるアウトリーチについては,利用者のニーズに応えることはもちろん,行きたいが同行してくれる人がいないといった事情から未利用である人への利用促進方法の一つとしても有効であると考える。また,文字や文章を読むことや理解することが苦手であり,静かにしたり落ち着いた行動がとれない知的障害者の障害特性に対応できるサービスとして,代読（対面朗読）やリライト,個室を設けるなどの配慮も求められる。個室については,声が出るなどの行動が起こった時や,同行者に読んでもらう時に使用できる場であることが望まれる。このような場の配慮も,未利用者の利用を増やすことにつながると考えられる。

今後は，いくつかの公共図書館に協力してもらい，知的障害者への合理的配慮の内容をより実証的に検討していきたい。

2節　知的障害者の読書支援のために求められる本

1．背景と目的

　知的障害者は，文字が読めない人や読解力の低い人が多いため，読書ができない，あるいは読書への興味がないと思われる傾向にある。知的障害者の更正，授産の通所と入所施設を対象に，利用者の読書環境の調査を行った結果[3]，回答のあった101施設の内，本を施設に常設していない等の理由から彼らが読書する機会を設けていない施設が60カ所あった。設けない理由についての全回答122件のうち，読書を楽しめる人が少ない30件，文字を読める人が少ない30件，本の内容を理解できる人が少ない26件で，70％を占めた。さらに，野口が実施した特別支援学校の学校図書館の現状の調査結果[4]では，視覚と聴覚障害が主な対象となる学校では，学校図書館の設置はある程度の水準にあることが示されたが，一方で知的障害が対象となる学校では，かなり厳しい水準にあることが報告されている。学校図書館の設置率が低く，図書館が専用の施設として使用されずに兼用されている率が高いという現状がある。野口は，「知的障害のある児童生徒とその教育に学校図書館がどうかかわっていったらよいのかという部分が，これまでの学術研究でも現場の実践レベルでも十分に考察されてこなかった」という問題を指摘している。

　このように，知的障害者が読書することに関して，彼らが学習し生活する場でさえ，十分に理解されていない不幸な現状がある。それは，視覚障害者や聴覚障害者のように，自分たちの要求を明確に意識して訴える人がほとんどいないため，彼らに読書へのニーズがあるかどうかさえ，明らかにされていないことが影響していると考えられる。

　そこで，知的障害者50名に実施した聞き取り調査[5]で，彼らの公共図書館の利用実態やニーズについての回答を求めた。その結果，「資料の閲覧」が利用目的で最も多く，利用する時に困ったことの1・2位は，「読みたい本がない」「読みたい本が難しかった」であり，要求の1位は，「わかりやすい資料がほしい」であった。これらの結果から彼らは図書館で本を読んでいるが，読みたい本，わかりやすい本を読むことができているわけではなく，自分たちに合うわかりやすい本を求め

ている実態が示されていた。

　知的障害者が読みやすくわかりやすい本として，LLブック（やさしく読める本）が挙げられる。LLブックとは，知的障害や自閉症，読み書き障害などの障害や，移住などにより居住する国と母語が違うという理由で，一般の書籍を読んで理解することが十分にできない人たちに，読書を楽しみ，必要な情報を得ることができるようにわかりやすく読みやすく書かれた本である。生活年齢に応じた興味や関心に合う内容が，わかりやすいことばや文，写真や絵やピクトグラムの視覚イメージ情報，音声情報を，難易度に合わせて使用して制作されている[6]。国立国会図書館が2017（平成29）年に実施した「公共図書館における障害者サービスに関する調査研究」[7]によると，知的障害者を主な読者とするLLブック（やさしく読める本）を所蔵している図書館は31.6％であった。2010（平成22）年の同調査の結果では1.8％であったので，所蔵率は伸びてきているが，大活字本は85.6％と視覚障害者を主な対象とする資料の所蔵率に比べると低いといえる。また，LLブックおよびLLブックとは明示していないが知的障害者向けに制作された本は，市販と非売を合わせても70タイトル程度に過ぎない[8]。

　LLブック等のわかりやすい本の出版が進まないのは，図書館および個人での購入が少ないことと，具体的に当事者にどのような本が好まれ求められているのかが，はっきりしていないからだと考える。今後，知的障害者に読みたい本を届けるためには，テーマやジャンル，わかりやすさへの配慮の内容などを，明確に把握する必要がある。そこで，知的障害者を対象に，好きな本，ほしい本，読みにくくわかりにくい本について調査して，どのような本であれば彼らの読書を支援できるのか，どのような本を制作し，提供すべきであるのかを考える。

2．調査の対象と手続き

　3章1節2(1)(2)と同じ。

3．結果

　質問紙調査の結果，全国から616件の回答があり，回収率は56.0％であった。無効回答が12件あったので，604件の有効回答で結果を集計・分析した。

（1）回答者の基本属性

　3章1節3(1)と同じ。

（2）質問1「好きな本について」

「好きな本の名前をいくつでも書いてください。」と質問した。回答人数は399名，回答件数は544件であった。結果を図3-5に示す。本のタイトル等の回答をジャンルに分類し，ジャンルごとの数を集計した。ジャンルは，「マンガ」「絵本」「図鑑」といった表現形態の分類や，「乗り物」「生き物」「旅行」といった内容による分類等が混在しており分類方法としての一貫性はないが，これは回答内容をできるだけ忠実に反映させたためである。結果は，「マンガ」118件，「絵本」99件，「乗り物」61件で，全回答件数の51.1％を占めた。挙げられた本のジャンル別では32ジャンルに分類できた。

上位5位までの「マンガ」「絵本」「乗り物」「生き物」「小説・エッセイ」で挙がったタイトル（シリーズ名，雑誌名も含む）や種類を図3-6a～eに示す。「マンガ」「絵本」「乗り物」「生き物」はタイトルや種類の数が多いので，複数あったものだけを挙げて，（　）に数を記入した。

療育手帳別に回答件数を見ると，Aが239件，Bが250件とほとんど差がなかった。総数が1位から10位のジャンルの中で，療育手帳AとBの両者の数の比率が1：2以上あるジャンルをAとBの件数の差が大きいと考えると，Aの多いものが「絵本」，Bの多いものが「小説・エッセイ」「スポーツ」であった。

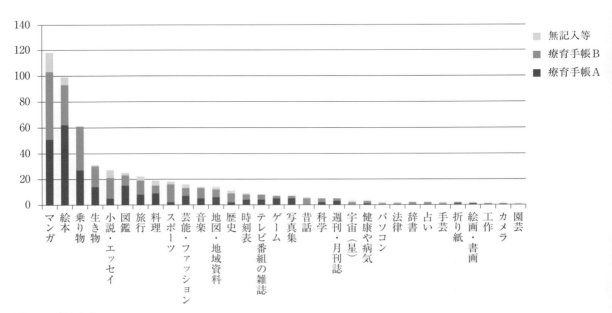

図3-5　好きな本

「ノンタン」(8)「ぐりとぐら」(7)「きかんしゃトーマス」(7)「かいけつゾロリ」(6)「はらぺこあおむし」(4)「シンデレラ」(3)「おさるのジョージ」(3)「おおきなかぶ」(3)「ミッケ」(3)「ウォーリーをさがせ」(3)「日本昔話」(3)「白雪姫」(2)「人形姫」(2)「眠りの森の姫」(2)

図3-6a　絵本の回答

「ディズニー」(13)「アンパンマン」(11)「名探偵コナン」(11)「サザエさん」(8)「ドラえもん」(7)「ポケモン」(5)「ちびまる子ちゃん」(5)「忍たま乱太郎」(5)「セーラームーン」(5)「ジブリ」(4)「ワンピース」(4)「魔法使いプリキュア」(3)「ウルトラマン」(3)「こちら葛飾区亀有公園前派出所」(3)「仮面ライダー」(2)「トムとジェリー」(2)「まんが日本の歴史」(2)「ドラゴンボール」(2)「少年サンデー」(2)「少年ジャンプ」(2)

図3-6b　マンガの回答

「ベン・トー」「ハリーポッター」「六花の勇者」「パイレーツ・オブ・カリビアン」「ストライク・ザ・ブラッド」「まき田作品集 きみとおはなし」「アンネ・フランク」「ナイチンゲール」「マザーテレサ」「筆談ホステス」「筆談ホステス母になる」「十津川直子の事件簿」「十津川警部 三陸鉄道北の愛傷歌」「京都グルメ旅行殺人事件」「京都新婚旅行殺人事件」「容疑者Xの献身」「ラプラスの魔女」「火花」「THE MANZAI」「森田さんのおもしろ天気予報」「お天気おねえさんのお仕事」「過ぎ去りし王国の城」「障害犬タローの毎日」「真田丸」「八重の桜」「トムゲイツ」「オリエント急行の殺人」

図3-6c　小説の回答

鉄道・電車(35)　自動車(11)　乗り物(8)　「鉄道ジャーナル」(4)　バス(3)　船(1)　飛行機(1)

図3-6d　乗り物の回答

動物(15)　虫(6)　ねこ(4)　鳥(3)　魚・水辺・カニ(4)　犬(2)　ペット(1)

図3-6e　生き物の回答

（3）質問2「読みにくいわかりにくい本について」

　「読みにくい本や，わかりにくい本は，ありますか？ ありましたら，本の名前をいくつでも書いてください。」と質問した。有効回答人数は72名（11.9％），総回答件数は72件であった。結果を図3-7に示す。最も多かったのが「文字ばかりの本」9件，次に「漢字が多い」8件，「小説」8件，「すべて」7件，「歴史」5件となった。

　療育手帳別の回答件数は，Aが21件，Bが36件だった。総数が上位10位までの中で，療育手帳AとBの両者の数の比率が1:2以上あるジャンルをAとBの件数の差が大きいと考えると，Aの多いものは「文字ばかり」「すべて」，Bの多いものは「漢字が多い」「小説」「歴史」「文字が小さい」であった。

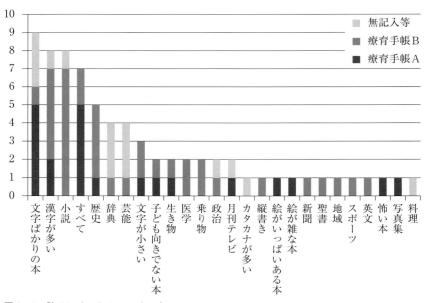

図3-7 読みにくいわかりにくい本

（4）質問3「こんな本がほしいについて」

「こんな本がほしい，と思うことはありますか？ ありましたら，いくつでも書いてください。」と質問した。有効回答人数は152名（25.2％），総回答件数は164件であった。本のタイトルやジャンルでの回答を「ジャンル」，レイアウト等の表現特徴についての回答を「表現形態」に分けて，療育手帳A，B，無記入等ごとの回答件数を表3-3に示す。図3-8，3-9に，その回答内容を示す。

表3-3 対象者ごとの内容別の回答件数

	療育手帳A	療育手帳B	無記入	合計
ジャンル	32	70	7	109
表現形態	29	21	5	55
合計	61	91	12	164

総回答件数164のうち，「表現形態」は55件，「ジャンル」は109件で，「ジャンル」の回答が「表現形態」の約2倍となった。対象別では，療育手帳Aが61件，Bが91件，無記入者等が12件で，AとBを比べるとBの回答が30件多かった。この差は，「ジャンル」の回答で，Bが70件，Aが32件と，Bの回答がAの2倍

3章　知的障害者を対象とした図書館と本についての調査

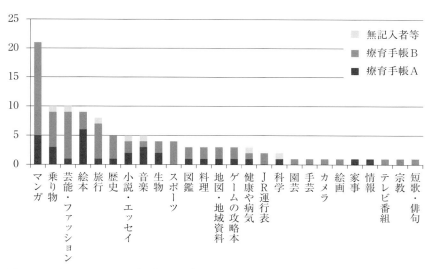

図3-8　ジャンルへのニーズに関する回答

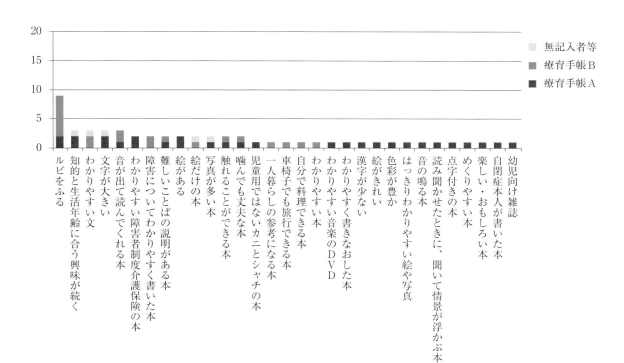

図3-9　表現形態へのニーズに関する回答

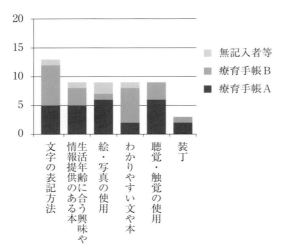

図3-10　表現形態へのニーズの6項目分類

以上あったことが影響している。

　図3-8，3-9を合わせた回答内容は57種類あり，ニーズの多様さが示されている。ジャンル別では，「マンガ」が21と最も多く，「乗り物」と「芸能・ファッション」が10，「絵本」9，「旅行」8が5位までを占めた。総数が10位までの中で，療育手帳AとBの両者の数の比率が1：2以上あるジャンルをAとBの件数の差が大きいと考えると，Aが多いのは「絵本」「音楽」，Bが多いのは「マンガ」「乗り物」「芸能・ファッション」「旅行」「歴史」「スポーツ」であった。

　図3-10に示すように，表現形態へのニーズの回答内容を類似する内容で分類すると，「文字の表記方法」13，「生活年齢に合う興味や情報提供のある本」9，「絵・写真の使用」9，「わかりやすい文や本」9，「聴覚・触覚の使用」9，「装丁」3に分けられた。これら6項目分類の下位回答内容は図3-11に示す。療育手帳AとBの差が大きかった項目の中で，Aが多いのは，「絵・写真の使用」「聴覚・触覚の使用」「装丁」，Bが多いのは「わかりやすい文や本」だった。

4．考察

　知的障害者は，本に関心の薄い人が多いと思われがちであるが，好きな本についての有効回答人数は399名で，対象者の66.1％を占め，回答件数は544件あった。また，「好きな本」の質問に32ジャンル，「こんな本がほしい」の質問に57種類の回答があった。これらの結果から，さまざまなジャンルの本に好みをもつ人が，調査対象者の半数以上あり，彼らが決して本への関心が薄いわけではないことが示唆

```
┌─ 文字表記の方法 ─┐          ┌─ 生活年齢に合う興味や情報提供のある本 ─┐
 ・ルビをふる                    ・知的と生活年齢に合う興味が続く本
 ・文字が大きい                  ・わかりやすい障害者制度介護保険の本
 ・漢字が少ない                  ・障害についてわかりやすく書いた本
┌─ 絵，写真の使用 ─┐            ・児童用ではないカニとシャチの本
 ・絵がある                      ・一人暮らしの参考になる本
 ・絵だけの本                    ・車椅子でも旅行できる本
 ・写真が多い本                  ・自分で料理できる本
 ・絵がきれい                  ┌─ わかりやすい文や本 ─┐
 ・色彩が豊か                    ・わかりやすい文
 ・はっきりわかりやすい絵や写真  ・難しいことばの説明がある本
┌─ 聴覚・触覚の使用 ─┐          ・わかりやすい本
 ・音が出て読んでくれる本        ・わかりやすく書きなおした本
 ・触れることができる本        ┌─ 装丁 ─┐
 ・音の鳴る本                    ・噛んでも丈夫な本
 ・読み聞かせたときに，聞いて情景が浮か  ・めくりやすい本
   ぶ本
 ・点字付きの本
```

図3-11　表現形態6項目分類の下位回答

された。本へのニーズは多様であり，結果に示された彼らの好きな本やほしい本，わかりにくく読みにくい本を分析して，本を制作することが，読書の楽しみを提供するために重要なことだと考えられる。

（1）好きな本について

「マンガ」「絵本」「乗り物」のジャンルが好きな本の51.5％を占めたことから，絵や写真の多い本が好まれていることがわかる。好きな本で挙げられたジャンルを内容的にみると，「乗り物」「生き物」という興味があるものについての本，「小説・エッセイ」「マンガ」「旅行」「料理」「スポーツ」「芸能・ファッション」「音楽」「テレビ番組の雑誌」「ゲーム」等の生活の楽しみを増やす娯楽の本，「歴史」「地図・地域資料」「科学」「宇宙」「健康や病気」「パソコン」「法律」等の一般的な知識を得るための本に分けることができる。このような内容に関しての好みの種類は，知的障害者に特有のものではなく，一般的な好みと同じではないかと考えられる。

上位5位の各ジャンルで挙げられた本のタイトルを見ると，絵本は，「ノンタン」「ぐりとぐら」「きかんしゃトーマス」等，昔から子どもに人気があり，ロングセラーのものであった。マンガも，よく知られた人気の高いもの，そして，アニメーションがテレビで放映されたものであった。小説についても，「ベン・トー」「六花

の勇者」等のアニメーションがテレビで放映され，「ハリーポッター」「パイレーツ・オブ・カリビアン」等は映画化，西村京太郎の「十津川直子の事件簿」「十津川警部 三陸鉄道北の愛傷歌」や山村美紗の「京都グルメ旅行殺人事件」「京都新婚旅行殺人事件」，「真田丸」「八重の桜」はテレビでドラマ化されている等，26作品中14作品が，複数のメディアで展開されているものであった。本以外のメディアでも見る機会のある，人気の高い本が好まれる傾向にあった。テレビや映画で放映されることにより，知る機会が増えることと，アニメーションや実写で見ることによりストーリーが理解しやすくなることが，好みに反映すると考えられる。

療育手帳別の結果では，Aの人たちはBの人たちに比べて「絵本」を好み，Bの人たちは「小説・エッセイ」「スポーツ」「歴史」等を好んでいた。Bの中軽度の人は文字が読める人が多いため，Aに比べて青年・成人向きの本を好む傾向があると考えられる。Aの重度の人が「絵本」を好むのは，読みにくいわかりにくい本の調査（図3-7）で，「文字ばかりの本」を苦手とし，こんな本がほしい調査（図3-10）で，絵や写真の使用を求めている人が中軽度より多い結果を反映していると考えられる。しかし，一方で，「知的と生活年齢に合う興味が続く本」を重度の人が求めている結果も示されている。つまり，絵本が好きであることが子ども向きの内容が好きということには必ずしもならないとも考えられる。絵が多く，わかりやすいストーリーで大人向けのテーマの絵本が求められているともいえるのではないだろうか。

（2）読みにくいわかりにくい本について

「文字ばかりの本」「漢字が多い」「すべて」「小説」「歴史」が，「読みにくいわかりにくい本」の上位5位を占めた。Bに比べてAが多かった回答は「文字ばかりの本」「すべて」であり，文字が読めない人の多い重度の人は，読書すること自体に苦手意識が強い。それは彼らに合った，文字ばかりでない，わかりやすい本が少ないことも影響しているのではないかと思われる。

Bの多かった回答は，「漢字が多い」「小説」「歴史」であった。これは，文字が読める中軽度の人でも漢字を読むことは難しく，彼らにとって読みやすい小説や歴史の本がほとんどないことを示していると考えられる。

（3）こんな本がほしいについて

図3-8，3-9を合わせた回答内容は57種類あり，ほしい本へのニーズの多様さが示されている。図3-8のジャンルの回答で，上位の5位内に入った「マンガ」「絵本」「乗り物」が，「好きな本」でも上位5位内に入っており，人気の高さが示

された。「絵本」は，両方ともにAがBに比べて多かったため，特にAに人気が高いと考えられる。また，回答数はBがAの2倍以上あり，さらに広いジャンルに渡っていた。このことは，中軽度の人の読書への関心の高さを示していると考えられる。

「読みにくいわかりにくい本」で，多く挙げられた「文字ばかりの本」「漢字が多い」は，「こんな本がほしい」の「ルビをふる」や「絵・写真使用」という回答に反映されていた。

図3-10で類似する内容で分類した「文字の表記方法」「生活年齢に合う興味や情報提供のある本」「絵・写真の使用」「わかりやすい文や本」「聴覚・触覚の使用」「装丁」の6項目は，生活年齢に合わせた内容を，わかりやすい文と文字，写真や絵やシンボル等の視覚イメージ情報と音声情報を，本に応じて併用したり単独で使ったりして制作するLLブックの特徴そのものを表したといえる。重度の人は，とりわけ「絵・写真の使用」へのニーズが高く，また，「聴覚触覚の使用」も多かったことから，文字が読めなくても読書ができる方法を求めていることがわかる。

（4）読書支援のための本の選定について

4(1)(2)(3)の分析をふまえて，知的障害者の読書支援を進めるために有効な本について考察する。

自分から読みたいと思う本は，興味のある事柄について，読んで理解できるようにつくられた本である。読みたい内容の本でも，難しい本であれば，途中で読むことをやめてしまうことは，だれでもあることだろう。また，学習や仕事のために読まねばならない本以外では，興味のない事柄を扱った本は，読まないだろう。知的障害者の読書を促すためにも，興味がもてる本，わかる本を提供することが必要である。

彼らの興味は，人気があった「マンガ」「絵本」「乗り物」以外にも，生活の楽しみを増すための娯楽の本，好きなものの情報や一般知識を得るための本等と多様な種類にわたっていた。さらに，「こんな本がほしい」の6項目にあるように，生活年齢に見合った興味のある知りたい情報が掲載された本，漢字が少なく，ルビがふってあり文字が大きい本，文字ばかりではなく絵や写真が使われた本，わかりやすい文で書かれていて難しいことばの説明がある本，聞いたり触れたりして理解できる本，噛んでも丈夫でめくりやすい装丁の本であった。つまり，このような条件を満たすさまざまな種類のLLブックが必要とされているといえるだろう。

さらに，療育手帳AとBという障害の程度によって，好きな本やわかりにくい

本，求める本に違いがあったことから，障害程度を考慮することの重要性が明らかになった。文字が読めない人が多い重度の人は，絵や写真が多い本，聞いたり触れる本を必要としている。そして，絵が多く，わかりやすいストーリーの年齢に応じたテーマの絵本が求められている。中軽度の人は，読書への関心が強く，興味のある本の種類も多い。漢字にルビをふったわかりやすいことばと文で書かれた「小説・エッセイ」「スポーツ」「歴史」「乗り物」「芸能ファッション」「旅行」「歴史」等の多様な本が求められている。

重度から軽度の人まで差がなく，最も人気が高かった「マンガ」については，マンガ独特の表現ルールの難易度を下げたLLマンガについての研究がはじまっている（4章1節4）。マンガはわかりやすいといわれているが，理解するためには，コマの順序性，擬音語・擬態語を表現するマンガの符号等の多くのリテラシーを必要とする。すでに，マンガを読む頻度が高い知的障害者と，読んだ経験がほとんどない人の両方に対応するために，1タイトルで難易度の高低がある2タイプのLLマンガ「赤いハイヒール」と，4タイプの「はだか男」が試作されている[9]。今後も多種のLLマンガの制作が望まれている。

さらに，映画やテレビなどの複数のメディアでも展開されている本に彼らは興味をもちやすく，理解しやすいと考えられるため，そのような本をわかりやすくリライトするか，LLブックを複数メディアで展開するか，いずれかの方法を使った本があれば，読みたいと思う人と読める人が増えると考えられる。

■注・引用参考文献
1：合理的配慮は，「障害者が他の者との平等を基礎として全ての人権及び基本的自由を享有し，又は行使することを確保するための必要かつ適当な変更及び調整であって，特定の場合において必要とされるものであり，かつ，均衡を失した又は過度の負担を課さないものをいう」（「障害者の権利に関する条約」第2条）と定義されている。
2：療育手帳とは，知的障害者が取得できる障害者手帳である。根拠は，「療育手帳制度について」（昭和48年厚生省発児第156号厚生事務次官通知）。児童相談所または知的障害者更生相談所において知的障害と判定された人に対して，都道府県の知事または政令指定市の市長が交付している。
3：藤澤和子・吉田くすほみ「施設への読書環境に関する調査」藤澤和子・服部敦司編著『LLブックを届ける：やさしく読める本を知的障害・自閉症のある読者へ』読書工房，2009，pp.76-85.
4：野口武悟「特別支援学校における学校図書館の現状と課題－全国悉皆調査と事例調査を通して」平成19年度～20年度文部科学省科学研究費補助金若手研究(B)研究成果報告書，2009.
5：藤澤和子「公共図書館における知的障害のある利用者への合理的配慮」『図書館界』68(2)，2016，pp.74-83.
6：藤澤和子「知的障害や自閉症の人たちの読書をひらく」藤澤和子・服部敦司編著『LL

ブックを届ける：やさしく読める本を知的障害・自閉症のある読者へ』読書工房，2009，pp.12-13.
7：国立国会図書館『公共図書館における障害者サービスに関する調査研究』シード・プランニング，2011，61p.
8：服部敦司「図書館の障害者サービスの歴史からみる展望」藤澤和子・服部敦司編著『LLブックを届ける：やさしく読める本を知的障害・自閉症のある読者へ』読書工房，2009，p.116.
9：吉村和真・藤澤和子・都留泰作編著『障害のある人たちに向けたLLマンガへの招待：はたして「マンガはわかりやすい」のか』樹村房，2018.

■参考文献
野口武悟「学校図書館における合理的配慮の提供に向けて」『図書館界』68(2)，2016，pp.83-88.
野口武悟・藤澤和子「日本におけるLLブック出版の現状と展望」『日本出版学会2016年度秋季研究発表会予講集』2016，pp.8-13.

＊本章は下記をもとに加筆修正した。
1節：藤澤和子・野口武悟「知的障害者を対象とした公共図書館の利用実態とニーズ調査」『2017年度日本図書館情報学会春季研究集会発表論文集』2017，pp.63-66.
2節：藤澤和子「知的障害者の読書支援のために求められる本：当事者への調査を通して」『図書館界』70(2)，2018，pp.448-456.

4章 知的障害者のための合理的配慮の事項

1節 わかりやすい図書や視聴覚メディア資料

　3章1節の公共図書館の利用実態とニーズ調査から，知的障害者が公共図書館を利用する主な目的は資料の閲覧と貸出であるが，「読みたい資料がない」「本が難しかった」ということで困っている人が多いという実態が明らかになった。図書館でわかりやすい資料を読んだり見たりしたいという要求が3割を占め，それを叶えるためには，彼らにとってわかりやすく興味をもてる資料がどのようなものであるかを知ったうえで収集し，排架する必要がある。

　そこで，3章2節の「知的障害者の読書支援のために求められる本」の調査を行い，彼らの求める本を明らかにした。その結果，人気があったマンガや絵本，乗り物以外にも，生活の楽しみを増すための娯楽の本，好きなものの情報や一般知識を得るための本等と多様なジャンルにわたっていること，LLブックの特徴をもった表現形態の本が求められていること，障害程度によって求められる本に違いがあるため，ニーズに応じた難易度の本が必要とされていることがわかった。つまり，さまざまなジャンルの，読みやすさのレベルが異なるLLブックが求められていると考えることができる。

　本節では，わかりやすい図書や視聴覚メディアとして知的障害者に求められているLLブック，視聴覚メディアのマルチメディアDAISY，最も人気があったマンガについて説明し，図書館のわかりやすい資料提供の方法について考える。

1．LLブック

（1）LLブックとは

　LLブックのLLとは，スウェーデン語のLättlästの省略で，英語では"easy-to-read"，日本語では「やさしく読める」という意味を表す。LLブックとは，知的障

害や自閉症，読み書き障害などの障害や高齢，移住などにより居住する国と母語が違うなどの理由で一般の書籍を読むことが難しい人たちに，読書の楽しみや必要な情報を提供するために，生活年齢の興味や関心に合う内容が，わかりやすく読みやすく書かれた本である。対象となる人たちの読書のニーズはさまざまなので，本のジャンルは一般書と同じように多様であることが望まれる。彼らが平等に読書や情報にアクセスできる権利を保障し，彼らの社会参加と豊かな生活の質の向上をめざすための本である。

　LLブックの主な対象となる知的障害の人たちのなかには，文字が読めない人や読めても内容の理解が難しい人が多く，また，加齢にともなって発達年齢が上がっていかないため，生活年齢に合う読みたい本と読める本の差が開いていく。発達年齢が低くても，青年期になるにつれて，異性や知らない場所や好きなものへの興味や憧れが強くなるため，恋愛小説や旅行やスポーツの本を読みたいと思う人もいるだろう。しかし，一般書を読むことは難しい。そこで，年齢に相応しい興味をもてる内容を，彼らの知的能力に合わせてわかりやすく制作された本がLLブックである。

（2）LLブックのわかりやすい表現

　LLブックの読者は，読む能力や読めない理由が異なるため，わかりやすさへのニーズには違いがある。すべての読者にとってわかりやすく制作するためには，いろいろなレベルを想定しなければならない。そのための，共通する基本的な手法として，文章を読みやすくする，写真や絵やピクトグラムという文字以外の表現媒体を使う，耳で聞くことができる聴覚メディアが使うことが挙げられる。また，文章や写真や絵やピクトグラムをどのようにレイアウトするかということも重要である。

　基本的な表現方法を示す。
　①文章
　　短く簡潔な文章で具体的に書く。抽象的な意味の単語は使わずに，できるだけ日常的によく使われる単語で表現する。
　　複雑な表現を避ける。「白黒つける」「猫をかぶる」「目が笑う」などの比喩や擬人法，「これ」「そこ」などの指示語などの複雑な表現を避ける。二重否定は使わない。
　　文の構成はシンプルにする。1つの文に多くの情報を盛り込むことはせず，2つの情報を伝えたい時は2つの文に分ける。
　②写真や絵やピクトグラム

写真や絵やピクトグラムは文章の内容を明確に表すものを使う。内容と違うものを使うと混乱を招く。
　文章と絵や写真の配分は，絵や写真が大きくて文がそれを補足する本，文章が多くて絵や写真が文の理解を助ける本がある。ピクトグラムを添えてストーリーや単語の理解を補助する本（図4-1）や，写真だけで表現された本（図4-2）もある。

③レイアウト

　行間を通常より広げ，余白をゆったりとる。数行続いたあとには行間をさらに広くとり，行のまとまりをつくる。意味のある単位で分かち書きにする。単語が途中で途切れる改行はしない。
　字体は太さが均一ではっきり見えるゴシック体とし，大きさは12ポイント以

図4-1　『リーサのたのしい一日：乗りものサービスのバスがくる』
（マーツ・フォーシュ文，エリア・レンピネン写真，藤澤和子監修，寺尾三郎訳，愛育社，2002．）

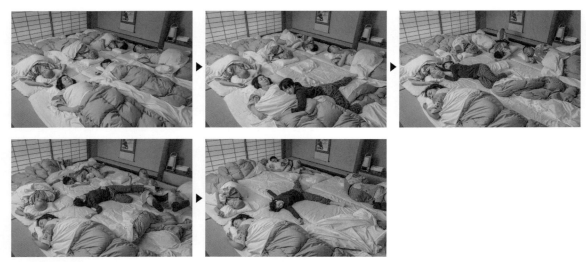

図4-2　写真で4コママンガのように展開させた「ねぞう」
（藤澤和子・川﨑千加・多賀谷津也子・小安展子企画・編集・制作『旅行にいこう！』樹村房，2019．）

上にする。漢字を使う場合は小学2・3年生までの学習漢字とし，ルビを振る。写真や絵に重ねて文字を表記しない。

④聴覚情報の併用

　耳で聞ける録音図書や，絵と文字と音声が同期して目で見ながら音声も聞くことができるマルチメディアDAISYを併用する。

⑤物語の展開

　物語は時系列に沿った展開とし，場面が急に変わったり時間が戻ったりする展開にはしない。また，省略せずに，のりしろをつけて連続的に経過を描く。人の感情も，感情が湧く理由や背景がわかるように描く。登場人物は少なくして，複雑で情報が多いストーリーは避ける。

(3) 難易度によるレベル分け

　読者の読みの能力には個人差が大きいため，読みやすさのレベルを考慮する。大きくは3段階に分ける。

　　レベル1（最も簡単）　具体的な内容で写真や絵が多く，簡潔で短い文章が使われる。

　　レベル2（中間）　　　レベル1より文章が多くなり，具体的な内容で日常的なことばを使用してストーリーがわかりやすく書かれている。

　　レベル3（簡単）　　　写真や絵は少なく，時々長い文章や日常的に使わないことばも使用される。一般書に近い。

2．マルチメディアDAISY

　マルチメディアDAISYとは，Multimedia Digital Accessible Information Systemの略で，音声とテキストと画像（絵・写真等）を同期させることができる電子図書の国際標準規格である。文字を読むことが難しい読み書き障害のある人や知的障害者等の読書や情報提供のツールとして使用されている。専用再生ソフトやアプリを使って，パソコンやタブレット端末などで利用する。音声読み上げが行われているテキスト部分が黄色にマーキングされるハイライト表示があり，音声のスピード，文字の大きさや背景色とのコントラスト等が変更できる。

　現在は，公益財団法人日本障害者リハビリテーション協会や社会福祉法人日本ライトハウス等により，読み書き障害の児童生徒のために教科書をマルチメディアDAISYにする取り組みが広がってきている。また，公益財団法人伊藤忠記念財団

電子図書普及事業部は,「わいわい文庫」という名称で,2012(平成24)年から毎年,絵本や児童書38〜74編のマルチメディアDAISYを収めたCD4枚と,約20編のオリジナル作品を入れた青い盤面（Ver.BLUE）のCD1枚を,全国の特別支援学校や図書館,医療機関などの団体へ無償で提供している。前者の絵本や児童書の方は,著作権法第37条3項の適用を受けているため障害のある人の視聴に限られるが,青い盤面は著作者の許可を得ている作品なので,だれもが見ることができる。

特別支援学校では,知的障害,重度重複障害,自閉症などの子どもたちの読書や学習の補助教材としてマルチメディアDAISYが活用されている。筆者が特別支援学校に勤務していた時には,大型モニターに映して知的障害児童のクラス全員で視聴したり,座位のとれない重度重複障害児童が仰臥位のままで見られるようにタブレット端末を用いるなどの活用を行った。いずれも挿絵を見ながら音声を聞くことができるので,とても集中して聴取することができた。少し文字が読める子どもたちは,マルチメディアDAISYの音声に合わせて復唱したり音読したりすることもあった。個人でも集団でも読書を楽しむための有効な手段である。

3．LLマンガ

3章2節の調査で,マンガは知的障害者の好きな本,求める本の両方で1位となり,とても人気があることが明らかになった。しかし,読んでいるマンガをみると,アニメーションで放映されている子ども向きのマンガに偏っていることもわかった。これは,テレビから情報を得る機会が多いことと,アニメーションで見ることにより,いっそうマンガのストーリーが理解しやすくなるからだと考えられる。

一般的にも多くの実用マンガや学習マンガが出版され,わかりやすさが評価されているマンガ,そして当事者にも人気のあるマンガは,LLブックの一つのジャンルだと考えられる。しかし,マンガには,コマ,擬音や擬態語などのオノマトペ,漫符などのマンガ独特の表現があるため,マンガを読み理解する能力であるマンガリテラシーが必要となる。また,吹き出しの文字を読む能力も必要である。そのため,マンガはだれにとってもわかりやすい読み物というわけではなく,知的障害者やマンガを読みなれていない人にとっては,難しい読み物だと考えられる。そこで,マンガ好きの知的障害者がマンガを読んで楽しむために,マンガリテラシーが低くても理解できるわかりやすいLLマンガが必要だと考え,試作品として「赤いハイヒール」「はだか男」を制作した。どちらもスウェーデンのLLブックを原作とし,マンガ化している。一般のマンガと大きく異なるところは,1タイトルに難

4章　知的障害者のための合理的配慮の事項

A：ガイドラインに忠実な描き方　　　B：一般のマンガ表現を一部入れた描き方
図4-3　難易度を変えた2種類のLLマンガ「赤いハイヒール」
出典：吉村和真・藤澤和子・都留泰作編著『障害のある人たちに向けたLLマンガへの招待：はたして「マンガはわかりやすい」のか』樹村房, 2018, p.15, 33.

易度やタイプの異なる複数のLLマンガを制作したことにある。これは知的障害の程度差やマンガを読んだ経験差によって理解できるマンガの難易度やタイプが異なるため、できるだけ多くの人が楽しめる可能性を考慮したことによる。例えば、図4-3の「赤いハイヒール」（作画：都留泰作）の2つのLLマンガは同じ場面を描いているが、Aは難易度を下げたLLマンガとして規則的にコマ割りをし、吹き出しがどの人物から発せられたかがわかるように顔の横に入っている。BはAに比べて難易度を上げて、コマ割りや吹き出し位置に一般のマンガ表現を加えている。『障害のある人たちに向けたLLマンガへの招待：はたして「マンガはわかりやすい」のか』（吉村和真・藤澤和子・都留泰作編著, 樹村房, 2018）には、マンガリテラシーの難易度を下げたマンガの描き方を示した「LLマンガのガイドライン」が提案されており、今後さまざまな作品の誕生が待たれるところである。

現在、マンガを図書館で所蔵することについては意見が分かれているが、知的障害者だけでなく、子どもにも大人にも好まれている読み物なので、LLマンガを含めたマンガの収集・排架は、前向きに検討すべきことだと考える。

4．公共図書館のわかりやすい資料の提供

本節で述べてきたような必要な資料を収集し、整理し、保存して、求める人に提

供することは,図書館の役割である。

　当事者の図書館利用の調査では,排架や展示方法のわかりにくさによる「読みたい本がどこにあるかわからなかった」という回答が143件（25％）で最も多かった。一般の人であれば,OPAC等を利用して排架場所を見つけることは容易であるが,それが難しい知的障害者には,探すことに困難をともなう。

　この困難を軽減するための最も良い方法は,彼らが好むわかりやすい本を集めたコーナーをつくり,その場所がわかるようにピクトグラムを付けることである。LLブックは絵が多くても子ども向けの絵本ではなく,写真を使ったLLブックは一般的な写真集ではない。主題で分類されているとしても,知的障害者がたくさんの本の中からLLブックにたどりつくのは難しいだろう。スウェーデンでは,LLブックが数百冊出版されているので,LLブックだけで大きなLLコーナーが設けられており（2章2節参照）,利用者は多くのジャンルから読みたいLLブックを選ぶことができる。日本では,今のところ,LLブックの出版点数が約70冊程度[1]であるため,障害者に魅力的なLLブックコーナーをどのようにつくるのかが課題となる。

　5章では,各図書館によってつくられた「LLブックコーナー」とその運営,また,マルチメディDAISYの利用を増やすための取り組みについて報告する。

2節　図書館利用のためのわかりやすい環境的配慮と情報提供

1．ピクトグラムの利用：「NDCピクトグラム」を例として

　3章で紹介した調査結果からは,知的障害者が公共図書館利用に際して困ったこととして,「読みたい本がどこにあるのかわからなかった」が最多となった。ピクトグラムなどを活用したわかりやすい館内環境づくりが求められる。

　「読みたい本がどこにあるのかわからなかった」への有効な対応の一つとして,公共図書館の標準的な分類法である日本十進分類法（以下,NDC）を知的障害者にもわかりやすく表現して標示することが考えられる。

　NDCは,さまざまな種類の図書館資料を分類するために重要な分類法だが,大分類である類から小分類である目まで,分類概念と分類名が専門的であるため,知的障害者などの認知機能に困難を抱える人々や子どもたちが理解することは難しい。また,多くの公共図書館で行われている排架標示（サイン）は文字による標示

が多いため，文字の読めない人たちが図書館資料を探すための目印として利用することはできない。そこで，筆者らはキハラ株式会社の協力のもと，NDCを表すピクトグラム（「NDCピクトグラム」）の検討を行った[2]。

　そもそも，ピクトグラムとは，ことばの意味を簡潔な絵で表現した目で見ることのできることばの記号である。「ピクトグラムのわかりやすさは，文字に比べて，曖昧性がなく意味が明瞭であること，シンボル同士の個々の特徴が明瞭で弁別が容易であること，音読や黙読による命名をしないで意味が瞬時にわかることである」[3]。現在，ピクトグラムは，ユニバーサルデザインとして，公共施設のサインや交通標識などに広く有効に活用されている。日本では，2005（平成17）年に経済産業省が制定した「コミュニケーション支援用絵記号デザイン原則（JIS T0103）」[4]にもとづくピクトグラムが広く用いられている。「NDCピクトグラム」も，このJIS T0103をベースとしている。

　「NDCピクトグラム」は，大分類（類）—中分類（綱）—小分類（目）から構成されているNDCを，標示で頻繁に使用される大分類（類）を中心に，ピクトグラムで視覚的にわかりやすくすることを目指した（資料編3参照）。

　大分類（類）は，中分類（綱）と小分類（目）を含んだ大きな概念を代表して表現されているため，大分類（類）のピクトグラムだけで分類内容を表すのは，困難である。そのため，10の大分類（類）は，分類ごとに1個のピクトグラムで表現し，大分類（類）の意味がイメージしやすいように，中分類（綱）から代表的な分類を2個か3個選んで，大分類（類）に付随するピクトグラムとして構成した。例えば，6類「産業」は，ものが行き来し流通するイメージを表現した「人がものを受け渡しする」ピクトグラムを大分類として用い，中分類（綱）の中から「農業」「商業」「交通」のピクトグラムを合わせた。大分類（類）のピクトグラムを正方形，中分類（綱）のピクトグラムを円形にすることで違いを示している。大分類（類）1個と中分類（綱）2～3個を合わせた標示は，分類内容の意味を具象的に表現するものである（図4-4）。なお，大分類（類）の名称についても一部変更した。わかりやすい名称になるように，3類「社会科学」は「社会」，4類「自然科学」は「自然」，8類「言語」は「ことば」と変更した[5]。

　この「NDCピクトグラム」の利用法としては，書架にこのピクトグラムを標示して，図書館資料の排架場所を明示することや，資料の請求記号（所在記号）ラベルの上などにこのピクトグラムのラベルを添えることなどが考えられる。

　もちろん，「NDCピクトグラム」だけでなく，館内の施設・設備の案内にもさまざまなピクトグラムが利用可能である。

図4-4 「NDCピクトグラム」の一部

2．わかりやすい利用案内の制作

　公共図書館の利用案内も，文字がメインでつくられたものが多く，そのままでは知的障害者にはわかりにくい。そこで，説明文をわかりやすくし，ピクトグラムも併用した「わかりやすい利用案内」づくりも有効な取り組みの一つである。

　その際に，近畿視覚障害者情報サービス研究協議会（近畿視情協）LLブック特別研究グループが2011（平成23）年3月に公開した「わかりやすい利用案内」のひな形『ようこそ図書館へ』（図4-5）が参考になる[6]。この『ようこそ図書館へ』は，知的障害者とも話し合いながら作成したもので，各図書館が『ようこそ図書館へ』をひな形として用いて「わかりやすい利用案内」をつくることができる。利用を希望する図書館は，近畿視情協のメールアドレスinfo@lnetk.jpへ，ひな形の利用を申請する。

　専修大学文学部の野口研究室（図書館情報学研究室）と欧文印刷株式会社，株式会社光和コンピューター，株式会社デジタル・オンデマンド出版センターが産学連携で公開・運営しているLLブックのポータルサイト「ハートフルブック」（https://www.heartfulbook.jp）（図4-6）では，上記の『ようこそ図書館へ』をひな形として用いて作成した千葉県立西部図書館をはじめとするいくつかの公共図書館の「わかりやすい利用案内」を全ページ公開している。また，この「ハートフルブック」は，サイト上で「わかりやすい利用案内」を制作することが可能な機能も搭載している。

　なお，「わかりやすい利用案内」の制作に際しては，以下のツールもあわせて参照したい。

図4-5 『ようこそ図書館へ』の表紙

図4-6 「ハートフルブック」のトップページ

・『読みやすい図書のためのIFLA指針（ガイドライン）（改訂版）』日本図書館協会，2012．
・『図書館等のためのわかりやすい資料提供ガイドライン』日本障害者リハビリテーション協会，2017．

3．個室の設置

　3章で紹介した調査結果では，公共図書館に行ったことのない知的障害者に理由をたずねたところ，「本や雑誌を読むことに興味がない」「行ってみたいが，1人では行けない」とともに「その他」が多い結果となった。「その他」で最多の答えは「声をだして静かにできない」，続いて「じっとできない」であった。知的障害者が周囲に遠慮せずに安心して利用できる館内環境づくりも欠かせない。

　そこで，イギリスなど海外の事例を参考にしつつ，私たちの研究グループでは公

共図書館内に「よむ・きく・やすむへや」を設けることを提案したい。この部屋があれば，「声をだして静かにできない」「じっとできない」といった特性のある人であっても，周囲に遠慮せずに安心して利用できる。部屋の中では，本を読んでもらう，マルチメディアDAISYを視聴する，クールダウンするなど，さまざまな利用の仕方が考えられる。

　もちろん，館内に個室を新たに設けるのは難しい公共図書館がほとんどであろう。単独で設けることが無理であっても，例えば，対面朗読室などの個室で，それらの部屋を利用する人がいない時間帯を「よむ・きく・やすむへや」として開放するというのも一案である。

4．理解・啓発のためのポスターの掲示

　知的障害者が安心して公共図書館を利用できるようにするためには，公共図書館にはさまざまな利用者がいることをすべての利用者がお互いに理解し合うことも大切である。

　そこで，私たちの研究グループでは，理解・啓発のためのポスターを制作した（資料編2参照）。多くの公共図書館にこのポスターを目立つ場所に掲示してもらい，利用者の理解・啓発の一助としてもらいたい。

3節　職員によるわかりやすい対応と読書を届けるための支援

　公共図書館は図書館利用に障害のある人に対してさまざまなサービスに取り組んでいるが，その対象の大半が視覚障害者へのサービスであり，知的障害者へのサービスはほとんど行われていないのが現状である。その原因は，知的障害者への対応やサービスをどのように行えばよいかということが考慮されず，それゆえ実践もされてこなかったこと，また当事者のニーズが直接的に図書館に向けられることが少なかったことにある。

　3章1節の当事者に行った公共図書館の利用実態とニーズ調査によると，本の貸出・返却や予約を手伝ってほしい，困った時に質問したい等の職員の対応へのニーズが約30％と高く，また，「デイセンターや仕事をする場所で公共図書館の本を借りたい」「本や新聞や雑誌を読んでほしい」「本の内容をわかるように書きなおしてほしい」というニーズもあった。このように彼らは読書や図書館利用のために人の

援助を必要とする。また彼らの読書を支援するには，図書館以外の場まで本を届けるアウトリーチや，読んだりわかりやすくリライトするサービスが求められていることがわかった。

そこで本節では，アウトリーチによるサービスを実施した墨田区の先行事例を通して，読書支援に必要な職員の対応や支援内容を提案する。

1．墨田区における福祉作業所での個人貸出

東京都墨田区には，知的障害者を対象とした作業を伴う通所施設が6カ所あり，その内55〜60人規模の福祉作業所（就労継続支援事業B型）が3カ所ある。その3カ所に毎月1回図書館が出向いて貸出を行っている。

「すみだふれあいセンター福祉作業所」は 1997(平成9)年7月から（毎月第3水曜日），「墨田さんさんプラザ」は2004(平成16)年9月から（毎月第2木曜日），「墨田福祉作業所」は2010(平成22)年1月から（毎月第2火曜日）出張貸出を開始した。いずれも昼休みの1時間，食堂の前に机を置き，そこに本を並べて貸出を行う。直接図書館に来館しての利用はとても少ないが，資料を持って施設に出向けば，半数以上の方が貸出を利用する。その様子からは，毎月図書館の訪問をとても楽しみにしていてくれることがわかる。

ある施設で貸出を始めるに際してアンケートをとり，18名の回答を得た。「前に図書館で本やCDを借りたことがあり，家に貸出券を持っている」7名，「前に貸出券を持っていたけれど，なくしてしまったので新しく作りたい」4名の計10名（両方に回答した方が1名いたため）が以前図書館で貸出券を作ったと回答したが，図書館に戻って調べたところ，その内有効な貸出券は1名のみで，他の9名は

写真4-1　すみだふれあいセンター福祉作業所での貸出風景
（昼休みに食堂の前の廊下で）

写真4-2　墨田さんさんプラザの食堂前での貸出風景
（雑誌をならべた机から本を選ぶ）

作成してから5年以上利用していないために有効期限が切れていた。つまり一度は図書館に来たことがあっても長い間まったく図書館を利用していないということがわかった。

　このように知的障害者が図書館を利用しにくい主な理由として次の3点が考えられる。

①図書館の書架に並んでいる膨大な資料の中から自分の好みや興味のある資料を見つけにくい。

②少し大きな声で話すと周囲から奇異な目で見られたり，注意を受けたりする。

③最近は図書館利用の機械化が進み，以前のように窓口での人的な支援が受けにくくなってきている。

2．施設での個人貸出の利点

　施設を訪問して貸出を行うと，昼休みの1時間のあいだに多くの方といろいろな話をする機会がもてる。そうした会話の中で一人ひとりの興味や関心を知ることができ，また，持ってきてほしい本など具体的な要望も出てくるようになる。施設を訪問して貸出を行うことの利点には，以下のようなことがある。

・会話を通して，個々の好みや興味関心のある分野を知ることができ，それに合った資料を用意して持っていくことができる。

・一人ひとりと対面で貸出するため，さまざまな資料を直接手渡すことやリクエストを受けることができる。

・空いている時間を利用して紙芝居をしたり絵本を読んだりすることが資料の紹

介となり，貸出につなげることもできる。
・図書館では著作権法上一般に公開することができない障害者を対象とした録音図書やマルチメディア DAISY 資料を，施設に持っていって利用してもらえる。その際，それらの資料を読むために必要な機器も持っていくとよい。また，施設では音声を発する資料であってもまわりを気にせずに利用できる。

3．具体的な資料提供の事例

（1）ヌード写真集

　宮沢りえの『Santa Fe』（朝日出版社，1991）を持っていったところ借りてくれた方がいたので，次回には樋口可南子の『water fruit』（朝日出版社，1991）を持っていくと喜んでもらえた。その後，石田えりの『罪』（講談社，1993）を持っていったが，「借りない」と言われてしまった。その場の様子から，ヌード写真集を借りたことを仲間や施設の職員に冷やかされたのではないかと考え，それ以降，本を袋に入れて貸出するようにした。

（2）タレントの本

　竹野内豊と大沢たかおの載っている写真集という要望があったが，なかなか資料がなく，竹野内豊がモデルになっているセーターの編み方の本を持っていったところ，それでも喜ばれた。未所蔵だった二人の写真集は後で購入して提供した。また，職員が薬屋で竹野内豊の大きなポスターを見つけたので貰ってきて差しあげたところ，非常に喜ばれた。さらに，二人のモデル時代の写真という要望には，90年代初期の『an・an』（マガジンハウス）や『MEN'S NON-NO』（集英社）を探して，ようやくいくつか見つけて提供することができた。

　今まで大沢たかおに関するものしかリクエストしなかった方が，本当は漢字の使い方が出ている本や四字熟語の本などを読むのが大好きだとか，森繁久彌の本を読みたいとか，大沢たかおの舞台「ロミオとジュリエット」を見たのがきっかけでシェイクスピアの原作になるべく近いものを読みたいと思っているとか，いろいろ話されたので，要望に沿う本を探してお持ちした。

　「SPEED に関するものなら何でもいい」という方に SPEED の CD を持っていったところ，ほとんど自宅にあるとのことだった。そこで『オリーブ』（マガジンハウス）などの雑誌に SPEED が載っている号を用意したほか，EPSON のプリンター「カラリオ」の PR キャラクターになっていたので，ポスターや宣伝用チラシ

などを秋葉原にあるエプソンショップに行って貰ってきて提供した。
　このように本に限らずさまざまな媒体についても積極的にリサーチして要望に応えることも重要だろう。

（3）マルチメディアDAISY図書の活用

　マルチメディアDAISY図書は画面上に絵とテキストが現れ，ハイライト表示されたテキスト部分を音声で読み上げる資料なので，自力で本を読むことが困難な知的障害者でも読書を楽しむことができる。施設にはこれを何冊も収めたiPadやノートパソコンを持っていき，見てもらうことで楽しんでもらった。また，図書館に来館された方には図書館のパソコンを利用してマルチメディアDAISY図書を読んでもらった。仮名を読むことも苦手な方でも読書が楽しめるので，喜ばれている。

写真4-3　iPadでマルチメディアDAISY図書を読む
（墨田さんさんプラザにて）

（4）その他

　お祭りが好きという方には『江戸御輿と日本の祭り』（講談社，1998），『御輿図鑑』（アクロス）などお祭りに関する本を，プロレスの好きな方にはプロレス専門雑誌『週刊ゴング』（日本スポーツ出版社），競馬の好きな方には雑誌『優駿』（JRA）等々，俳優や歌手については芸能雑誌に好きな歌手などが出ていればチェックしてお持ちした。
　また，嵐のファンである弱視の方から「嵐の歌詞を大きく読みやすくしてほしい」という要望があった。そこで，その利用者の「ゴシック体の太い文字よりも太明朝体の方が読みやすい」「漢字にはルビを振ってほしいが，漢字の上に小さく振るのではなく漢字の後ろにカッコ書きで大きめの仮名を振ってほしい」という希望

にそって 20 曲近くの歌詞の拡大写本をパソコンで作成し，提供した。

4．来館によるサービス

　墨田区には 50 年以上前から「すみだ教室」という義務教育を修了した知的障害者のための日曜青年学級がある。その教室に通っている仲間が仕事の休みの土曜日や教室のない日曜日に図書館に集まり，図書館を拠点にいろいろなところへ出かけていた。図書館では事務室や作業室を開放して外出の支援を行った。具体的には交通路の検索（都営の公共交通機関は「愛の手帳」所持者は無料で乗れるため，都バスや都営地下鉄等を中心とした路線検索）や目的地やその近くで行われている催し物の情報をウェブで検索し，プリントアウトして提供した。

　また，施設に行って貸出をするなかで気安く話ができるようになった方が図書館に来館してくださるようになることもある。その場合にはあらかじめ担当職員がいる日時を伝えておき，来館時にはカウンターで出迎えて事務室などに案内する。館内の閲覧室で音声資料を利用することはできないが事務室ではそれが可能であるため，マルチメディア DAISY 図書や CD などを視聴してもらったり，話したりもできる。なかには趣味の工芸などを持ってきて事務室でしばしそれに取り組む方もあった。

　そうしたなかで，よく来館される知的障害者から手紙を書きたいという相談を受けた。お姉さんに赤ちゃんが生まれたのでお祝いの手紙を書きたいが，手が不自由でうまく字を便せんに書けないとのことだった。そこで，書く内容をその方と相談しながら便せんに代筆した。また，その方は話し言葉にも不自由があり，なかなか

写真 4-4　図書館の事務室で出かける相談をしているすみだ教室に通う方たち（緑図書館にて）

写真4-5 相談しながら手紙の代筆をしているところ
(緑図書館にて)

　話していることが相手に理解されないので，意思を伝えるためのことばをカードに書いてほしいという要望も受けた。図書館では視覚障害者への代筆サービスは行っていたが，知的障害者からもそのような要望があることが顕在化した。
　あるとき，ガイドヘルパーを派遣している事業所から，日曜日の午前中に知的障害者と一緒に図書館を利用したいと連絡があった。当日，重度の知的障害者とガイドヘルパーが来館され，館内を歩きながら東京スカイツリーに関する写真集などを選ばれ，障害者サービス室という小部屋で閲覧された。次の来館時にはマルチメディアDAISY図書を紹介した。その方が相撲好きだということがわかったので，伊藤忠記念財団から寄贈された「わいわい文庫」から「おすもうシリーズ」を図書館のパソコンを利用して読んでもらった。

5．必要な支援や対応

　墨田区の施設貸出と館内での対応から導きだせることは，一人ひとりの方と会話できる時間と場所を確保して，興味のあることを知り，個人のニーズを叶えるために努めることである。先行事例は，知的障害者の読書や図書館へのニーズが一人ひとり異なることを示し，アウトリーチによる施設での貸出や来館時の個人対応のサービスは，その異なりを尊重するための支援だと考えられる。次章で扱う体験ツアー等のように取り組みは他にもさまざま考えられるが，すべての方法において，個人に向き合い一人ひとり異なるニーズを叶えるための対応が求められている。

■注・引用参考文献
1：服部敦司「図書館の障害者サービスの歴史からみる展望」藤澤和子・服部敦司編著『LLブックを届ける：やさしく読める本を知的障害・自閉症のある読者へ』読書工房，2009，p.116．
2：藤澤和子・野口武悟・吉田くすほみ『NDCピクトグラム活用のススメ（パンフレット）』KIHARA，2018．
3：高橋雅延「視覚シンボルと現代社会」清水寛之編著『視覚シンボルの心理学』ブレーン出版，2003，pp.65-84．
4：日本規格協会『コミュニケーション支援用絵記号デザイン原則（JIS T0103）』2005．
5：前掲1
6：LL版図書館利用案内『ようこそ図書館へ』は，次のURLからアクセスできる。http://lnetk.jp/ll_guide201903-2.htm，（参照 2019-08-09）．

■参考文献
野口武悟「産学連携でのLLブックに関するポータルサイトの制作と公開」『第103回全国図書館大会東京大会記録』2018，pp.126-128．
藤澤和子「コミュニケーション支援用絵記号の標準化について：意義と課題」『発達人間学論叢』7号，2004，pp.51-59．

5章

公共図書館における合理的配慮の実践事例

1節　わかりやすい図書や視聴覚メディア資料の所蔵と提供事例

　本節では，知的障害者にLLブックをはじめとするわかりやすい本や視聴覚メディア資料を図書館で提供するための取り組みを2つ報告する。

　LLブックを所蔵して見つけやすくするために設置した「LLブックコーナー」（各館によってコーナーの名称は異なる）と，設置することによる効果については，河内長野市立図書館，吹田市立（千里山・佐井寺，中央，さんくす）図書館，桜井市立図書館が報告する。

　マルチメディアDAISYの所蔵と視聴を増やすための取り組みについては，河内長野市立図書館と吹田市立図書館が報告する。

　取り組みごとに，藤澤が「目的」を示し，「全体のまとめ」として総括をする。

1．LLブックコーナーの設置と効果

目的

　LLブックを所蔵し「LLブックコーナー」を設置することにより，知的障害者や支援者，一般の利用者が，LLブックを知って関心をもつこと，さらに当事者にLLブックをはじめとするわかりやすい本を読んだり見たりできる機会をつくることを目的とする。また，コーナーを設置する効果を本の貸出件数の調査で検証する。

河内長野市立図書館

図書の選書とリスト

　「わかりやすい本のコーナー」と題して，LLブックとして出版されているものだけでなく，児童書コーナー・ヤングコーナー・一般書コーナーから写真や絵が多く

わかりやすい文章で書かれている本，約160冊を選んで置いた。LLブック以外の本を選書する際には，当事者を対象にしたアンケート（3章2節）を参考に，乗り物や生き物の本，ディズニーやジブリなどの物語の本も盛り込んだ。また，本章2節で述べる施設訪問の際に，どんな本に人気があるかを伺い，参考にした。

LLブック以外の本については，1年に1度くらいの頻度で入れ替える予定をしている。利用者がこのコーナーを飽きずに繰り返し利用できるようにするためである。もちろん，新しく出版されたLLブックも随時ここに加えていく。

コーナーの設置場所と排架の工夫

1階出入口のすぐ横にブックトラックを置いてコーナーとした。ここは，知的障害者（団体または個人）によく利用されている「音と映像コーナー」の隣でもあり，2階から階段で出口に向かって降りるときに正面に見える場所でもある。目立つ場所なので，足を止めて見る人も多い。

2～3冊，表紙見せをしているほかは背を並べ，分類ごとに仕切り板を立てて内容を表すイラストを貼っている。現在は分類の標示にイラストを用いているが，今後はNDCピクトグラムを用いて，わかりやすい本のコーナーを起点により多くの本がある棚へ誘導できるよう，同じピクトグラムを一般書コーナーの棚にも標示したいと考えている。

本以外にはマルチメディアDAISY，LL版利用案内，マルチメディアDAISYとさわる絵本・布の絵本の利用促進ちらしを置いている。

出入り口横に設置されたわかりやすい本のコーナー

コーナーの本の並べ方

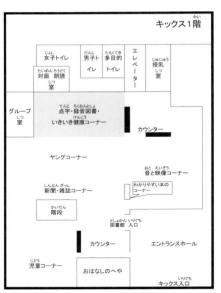

館内図（コーナーは図書館入口のすぐ横）
キックスとは図書館が入っている複合施設の愛称

広報

　市広報2017年9月号にわかりやすい本のコーナー設置を知らせる記事を掲載した。また，コーナーの図書リストは図書館ホームページで公開している。

評価

　資料編4に2017年9月〜2018年9月にこのコーナーで貸出された資料を多い順に並べたリストを添付した。
　まず，全体のランキングを見ると施設訪問時に人気があると聞いて盛り込んだ世界の絶景の写真集や図鑑など，視覚的な面白さのある本が上位に挙がっている。借りている方は知的障害者とは限らず，むしろ一般の方のほうが多いが，生き物や乗り物の本は上位にある。
　LLブックとマルチメディアDAISYのみの貸出ランキングを見ると，点字・録音図書コーナーに置いていた頃はまったく動かなかったマルチメディアDAISYが借りられていることがわかる。また，コーナー設置前には一般的な福祉の図書と同じ場所に置いていた『山頂にむかって』などのLLブックの貸出が顕著に増えていることがわかる。『山頂にむかって』の貸出回数は2008年3月〜2017年8月では2回，コーナー設置後の2017年9月〜2018年9月では6回になっている。2016年3月に排架された『パンケーキをつくろう！』『病院へいこう』『ら・クック』は，

LLブックコーナーに置かれる前の1年半の間に，それぞれ7回，6回，13回の貸出があった。これは，新刊書コーナーに置かれた期間の貸出回数が影響していると考えられる。

一方で，表には挙げていないが，コーナーを設置した最初の半年間とその次の半年間のLLブックの貸出回数を比較すると，後者はあまり伸びていない。LLブック以外の本，例えば貸出数の一番多い『まるで海外のような日本の絶景』は2017年9月～2018年3月に17回，2018年4月～2018年9月に11回とそれなりに貸出されている。ところが，先述の『山頂にむかって』の場合，コーナー設置直後の半年間の貸出回数は5回だが，その後の半年間の貸出回数は1回のみである。『パンケーキをつくろう！』や『ぼくの家はかえで荘』なども後半の半年間には1回も貸出されていない。設置期間が長くなるほどに，表紙見せや紹介などの工夫が必要なのかもしれない。

登録データでは知的障害者とそうでない方の区別がないため，このコーナーの利用者の中にどのくらい知的障害者が含まれているのかわからないが，窓口で見ている限りでは少なく，福祉・教育関係者が勉強のために借りていたり，一般利用者が単に「わかりやすい」と感じて借りているほうが目立つ。

成果と課題

一般の図書の中に埋もれていた「LLブック」や「マルチメディアDAISY」を，コーナー設置により足を止めて見る利用者が増えたことが一番の成果である。

今後の課題は，知的障害者の利用につなげることである。施設訪問や図書館ツアーなど，当事者と直接触れ合える機会に紹介していきたい。また，コーナーの設置期間が長くなり，目新しさがなくなってからのLLブックのPR方法も課題である。

吹田市立図書館（千里山・佐井寺図書館，中央図書館，さんくす図書館）

図書の選書とリスト

千里山・佐井寺図書館

コーナーを設置した2014年当初，資料は①LLブックとして出版された図書，②LLブックとしての出版ではないが，わかりやすく，LLブックに準じた使い方ができると思われる図書，③LLブックを必要とする知的障害・自閉症・学習障害者を周りが理解するために役立つ図書，とした。①②は近畿視覚障害者情報サービス研究協議会作成の「LLブックリスト」を参考にすでに所蔵していた資料から集

めた二十数冊，③は十数冊とした。また，資料に加え「LLブックリスト」も置いた。

2017年には約30冊補充した。LLブックとして買い漏らしていたものや新刊の購入，寄贈依頼をするとともに，通常の図書から視覚的にわかりやすいと思われるものを足し，さまざまな分野を網羅するよう努めた。その後も新刊が出れば追加し，2018年10月現在で合計96タイトルとなった。

2017年度と2018年度上半期の当コーナーの貸出数のリストを資料編4に示す。

中央図書館

2017年のコーナーの設置時，すでに所蔵していたLLブック8冊を集めて排架した。その後，『LLブックを届ける：やさしく読める本を知的障害・自閉症のある読者へ』（藤澤和子・服部敦司編著，読書工房，2009）に掲載されている「おすすめの本」や千里山・佐井寺図書館の所蔵資料，「LLブックリスト」を参考に選書をし，当該年度中に10冊，翌年度には5冊を追加した。

さんくす図書館

2017年のコーナーの設置時に「点字絵本・ユニバーサル絵本」20冊，「LLブック」15冊，「障がいを知る本」25冊の合計60冊を，すでに所蔵していた資料から集めた。その後，新たに購入した本の中から，このコーナーにふさわしいものをその都度追加した。

コーナーの設置場所と排架の工夫

千里山・佐井寺図書館

2014年2月に「LLブック ～やさしくよめるほん～」のタイトルでコーナーを設置した（2018年10月に「わかりやすいほん」にコーナー名を変更）。場所は来館してすぐに目につく入り口のそばで，かつ知的障害者の利用が多いと思われる雑誌やCD・DVDコーナーの隣とした。

2014年6月から翌年2月にかけて，このコーナーの資料を市内8館に巡回展示したところ，巡回展示前よりもよく借りられた。これは，資料の内容によってそれぞれの分野の書架に置かれていたものを，1カ所にまとめて設置した効果と思われる。巡回展示中には利用者から「良い試みだ。図書館にはさまざまな資料があり，通常の活字本の読書が難しい人は，自分に適した読書方法について図書館に相談できる。そういったことも知ってもらえるような掲示も作るとよいのでは」との指摘があり，LLブックについて説明する掲示を新たに作成した。

「LLブック〜やさしくよめるほん〜」コーナー掲示

2016年10月から、館内の別々の場所にあった各種障害者サービス用資料（大活字本・ユニバーサル絵本・点字図書）を1カ所に集約した「ユニバーサルコーナー」を新設し、「LLブック〜やさしくよめるほん〜」コーナーもユニバーサルコーナーの一角に移した。写真左手の棚に大活字本、正面の棚のうち左がユニバーサル絵本、真ん中がLLブック、右が児童書の大活字本、右手の棚に点字図書がある。入り口から近い場所が望ましいのだが、まとまったスペースを確保するため、入り口からは遠い奥まった場所にせざるをえなかった。同コーナーには吹田市立図書館の障害者サービス（対面朗読、録音図書・点字図書貸出など）のPRポスターや利用案内、マルチメディアDAISYを紹介するポスター、さわる絵本のPRファイルなどを設置した。2018年10月には、「わかりやすいほんコーナー」と名称変更し、共同研究の協力館で共通して使用することになったLLブックを表すピクトグラムも用いて作り直した。

千里山・佐井寺図書館「ユニバーサルコーナー」（左）と「わかりやすいほん」コーナー（右）

中央図書館

　2017年9月に「やさしくよめるほん」というコーナー名で，2階一般書のフロアの一角に設置した。点字資料や大活字本の書架に近く，階段やエレベーターで上がって来られた利用者に案内しやすい場所である。本の背には「LLブック」または「やさしくよめる」というラベルを貼っている。また，LL版の利用案内（閲覧用）も設置している。2018年10月には，コーナー名を「わかりやすいほんコーナー」に変更した。

中央図書館（左）とさんくす図書館（右）の「わかりやすいほん」コーナー

さんくす図書館

　2017年7月から「やさしくよめるほん　点字絵本・ユニバーサル絵本・LLブック・障がいを知る本」として設置している。場所は児童室内の「子育て情報コーナー」と「点字資料」の間の一連を使用し，「点字絵本・ユニバーサル絵本」「LLブック」「障がいを知る本」の3段に分け，それぞれの背表紙には「ユニバーサル絵本」「LLブック」「障がいをよく知る」と明記したラベルを付けたうえで表紙見せの排架もしている。対面朗読室への通り道でもあり，従来から点字資料・大活字本などの障害者向け資料が排架されている一画でもある。また，近隣施設の親子向け行事などのチラシを設置している「子育て情報コーナー」の隣でもあるため，子どもや親子連れにも目につきやすい位置といえる。2018年10月にコーナー名を「わかりやすいほん」に変更した。

広報

　吹田市立図書館ウェブサイトの「図書館の利用に障がいのある方へのサービス」に「LLブックの借出」について掲載し，図書の一覧から予約できるようにしている。

　吹田市の広報誌『市報すいた』2017年8月号掲載の「教育だより」で，「より多くの人が利用するための図書館のサービスあれこれ」が特集され，LLブックの紹介も盛り込まれた。

　当事者と接する機会がある方や地域の方々へのPRのため，2016年9月に吹田市民生・児童委員協議会，2017年1月には定例公民館長会議に出席した。それぞれ5～10分ほど時間をもらい，図書館の障害者サービス全般について案内するなかで，持参したLLブックを提示しPRした。

　2016年7月にはFM千里（コミュニティFM放送）から千里山・佐井寺図書館に取材依頼があり，当館の特色のひとつとして障害者サービスについても話をした。

評価

千里山・佐井寺図書館

　2017年度の貸出は94タイトル合計169回，2018年度上半期の貸出は96タイトル合計157回，各図書の受入時からの累計貸出回数は1,770回となった。2017年度の下半期に補充したものが30冊近くあるため，2018年度は年度末までの1年間でさらに貸出が伸びると思われる（資料編4参照）。

中央図書館

　コーナーを設置したことで，書架に埋もれがちだったLLブックが手に取られやすくなり，特に，写真を多用した本や，料理やメイクの本，絵辞典の貸出が活発になっている。

さんくす図書館

　入り口や通常よく利用される児童書とは離れた書架となったためか，貸出回数はあまり伸びていない。一方，「LLブックとはどんなものか」と市民から問合せを受け，同コーナーを紹介すると手にとってくれるという機会がたびたびあった。

成果と課題

　LL ブックは，資料の内容に応じてそれぞれの分類の書架に置くと存在が目立たなくなってしまうが，1 カ所にまとめることで，利用を促進できた。そのことは，中央図書館と千里山・佐井寺図書館でコーナー設置前よりも当該資料の貸出が伸びたことから読みとれる。

　千里山・佐井寺図書館ではすべての分野の図書を揃えようとしたため，あまり新しくない図書や利用が少ない図書も組み入れたが，今後は利用度や資料の新鮮さも考慮して更新していきたい。

　中央図書館では今後も，LL ブックはもちろん，一般書や児童書も含めて積極的に収集を行い，より魅力的なコーナーづくりに取り組んでいきたい。

　3 館ともにわかりやすい本コーナーの存在が当事者に届くよう，もっと PR をしていくことも必要だ。

桜井市立図書館

図書の選書とリスト

　当館では，2017 年 4 月から LL ブックコーナーを設置した。コーナーには，LL ブック，さわる絵本，点字つき絵本のほか，一般の方向けの知的障害に関連する資料を置いている。2018 年 10 月時点でのコーナーの蔵書数は 82 冊となっている。コーナーに置いている全資料のリストを載せているので，参考になれば幸いである（資料編 4）。

LL ブックコーナー

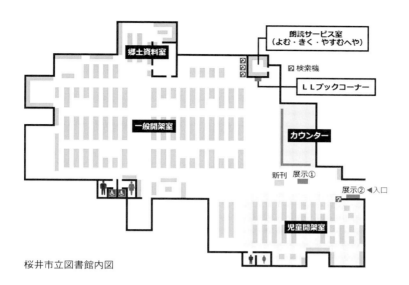

桜井市立図書館内図

コーナーの設置場所と排架の工夫

朗読サービス室の横に設置した机ひとつ分（60cm × 120cm）のスペースが，LLブックコーナーの常設展示となっている。ブックエンドを使用して背を見せる形で置いている資料が多いが，表紙を見せる形で置ける資料が多くなるよう，幅が広めの机を使っている。また，LL ブックとコーナーの他の資料を区別するため，LL ブックには背ラベルと別置シールの上部に LL ブックを表すピクトグラムを貼っている。

本以外には，LL 版図書館利用案内とコミュニケーションボードを設置している。LL 版図書館利用案内については，2018 年 9 月 12 日時点で合計 56 部持ち帰られた。内容については，2 節 2 で述べている。

LL ブックのピクトグラム使用例

広報

　LL ブックコーナーを開始した時には，市の広報『わかざくら』（2017 年 5 月号）と市の生涯学習情報誌『Atlas』（2017 年夏号）にお知らせを掲載し，広報を行った。

　また，1 年に 1 回程度，閲覧室の入り口近くで展示を行い，LL ブックを当事者や一般の方に知っていただくための機会を設けている。

　「知的障がいの方のための読書サポート講座」の実施にあわせて行った，「障害について知る・考える」の展示（2017 年 9 月 25 日～12 月 20 日）は，先の館内図の展示①の場所で行い，当事者向けに LL ブックやさわる絵本，大活字本などの資料，一般の方向けには障害について書かれた資料や障害者の生活を知る資料，障害者が活躍する資料など，合計 159 冊を展示し，3 カ月間で延べ 186 回の貸出があった。

　また，2018 年 8 月 25 日からは「"LL ブック" ってどんな本？」の展示を館内図の展示②の場所で行い，LL ブックとさわる絵本を合計 64 冊展示した。展示開始から 2 カ月で延べ 71 回の貸出があった。

　こちらの展示は，図書館だより『図書館 NEWS ほんまる』（2018 年 9 月発行）と市の広報『わかざくら』（2018 年 10 月号）にもお知らせを掲載し，より多くの方に知っていただけるように広報をした。

展示「障害について知る・考える」

展示「"LL ブック" ってどんな本？」

評価

　LL ブックコーナーの貸出数のリスト（資料編 4）を見ながら，貸出数の推移をみていく。

まず，常設コーナー期間の貸出数をみていく。2017年4〜5月は合計14回で，1ヵ月あたり7回，6〜9月は合計76回で1ヵ月あたり19回となっている。その後，2018年1〜6月までの期間も多くて12回と貸出数の少ない期間が続いた。

2018年7月と8月で貸出数が41回，33回とそれまでより増加したのは，新刊の受入が多かったことが要因と考えられる。ここで注意すべき点は，当館では新刊の受入後，閲覧室入り口から正面の新刊コーナーに約3ヵ月間別置される点である。リストでは常設コーナーでの貸出数に含まれているが，実際は新刊コーナーから貸出されている資料があることはご了承いただきたい。

2018年6月に受入された資料は，さわる絵本の『さわれるまなべるみぢかなどうぶつ』など「さわれるまなべる」シリーズが4冊（リストNo.41，45，46，51），『さわってたのしむ点字つきえほん』1・2巻の6冊となっている。5月以前に受入されたLLブック『仕事に行ってきます』1・2巻，『ブレーメンのおんがくたい』，『イソップものがたり』，『かさじぞう』，さわる絵本『さわってたのしむどうぶつずかん』の6冊も7月と8月で貸出数がおおむね伸びており，上記12冊のひと月毎の貸出数は，7月が26回，8月が27回となっている。これは，その月の貸出数の6割以上を占めている。なお，『さわれるまなべるさむいくにのどうぶつ』は以前受入していたものを常設コーナーに移したものであるが，同シリーズを新しく受入したことによって貸出数が伸びたものと思われる。

次に，展示期間の貸出数をみていく。まず，2017年10〜12月の「障害について知る・考える」（展示①）は，10月（58冊）が38回，11月（62冊）が23回，12月（63冊）が39回となっている。2018年9月からの「"LLブック"ってどん

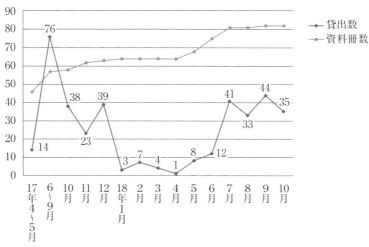

桜井市立図書館LLブックコーナーの貸出数・資料冊数推移

な本？」（展示②）は64冊展示（リストの網掛け数値の資料）し，9月が44回（展示資料のみでは43回），10月が35回（展示資料のみでは31回）となっている。

以上，常設コーナー期間（新刊コーナーでの別置期間含む）と展示期間の貸出数をみてきた。図はリストの貸出数と資料冊数の推移をグラフにしたもので，こちらも合わせて見てみると，常設コーナーの期間と展示期間では貸出数に差が出ていることがわかる。当館の常設コーナーは，館内図を見るとわかるように閲覧室の奥まった場所にあるため，利用者の目に留まりづらい。しかし，閲覧室の入り口近くで展示をすることで，普段，LLブックコーナーを利用しない方にも手に取っていただける良い機会となったことがわかった。

また，LLブックやさわる絵本などの新刊を積極的に受入することで，新刊コーナーからもよく貸出されていることがわかった。閲覧室奥の常設コーナーで足をとめる方は少ないが，入り口近くで人気の新刊コーナーには多くの方が来られるので，手に取る良いきっかけになっているのではないだろうか。

成果と課題

障害やLLブックに関する展示や，LLブックやさわる絵本などの新刊の積極的な受入をしていくことで，少しずつでも利用者にLLブックコーナーやLLブックを知っていただくことにつながっていると考える。

また，コーナーの設置場所については，館内の奥の方にある常設コーナーに加えて，入り口に近い場所などの利用者の目に留まりやすい位置で定期的に展示を行うといった工夫が必要であることがわかった。

しかし，当館は当事者の来館が少ないため，なかなか当事者やその関係者にLLブックなどを実際の利用に結びつけることができていないように思われる。そのため，後述の図書館体験ツアーをとおして，LLブックなどを知り，利用していただく機会をつくっていきたいと考えている。

全体のまとめ

2018年10月時点のLLブックの所蔵冊数は，吹田市立千里山・佐井寺図書館が49，河内長野市立図書館が29，桜井市立図書館が31で，全国のLLブック所蔵館の8割が「1点～10点」であるという調査結果[1]と比べると，LLブックの所蔵に努めている図書館といえる。

資料種別でLLブックと分類された本は，近畿視覚障害者情報サービス研究協議会LLブック特別研究グループが作成した「LLブックリスト」[2]や『LLブックを

届ける』のリスト[3]に挙げられたタイトルに基づいている。2015年以降，少しずつではあるが，LLブックの出版が増加傾向にある。

　本研究では，わが国のLLブックの出版点数が約70[4]と少ないため，LLブックとは明記されていないがわかりやすいと推定される本を加えてLLブックコーナーをつくり，障害者が選ぶことのできる本を増やすようにした。そうすることで，高齢者や外国人，一般の人たちのコーナーへの関心も引きやすくなり，LLブックが知られる機会を増やすことにつながるのではないかと考えた。LLブックコーナーには，LLブックのほかに，写真や絵が多くわかりやすい文章で書かれた一般書，障害を知るための本，さわる絵本，大活字本，児童書，マルチメディアDAISYも入っている。

　各館の貸出数を資料編4に挙げた。ただし，各館LLブックコーナーの設置期間や場所，展示・運営方法が異なるため，リストの形式・内容に違いがあることを前提に参照してほしい。

　桜井市立図書館は，LLブックコーナーにあるすべて本の貸出数をまとめ，コーナーの設置場所や障害やLLブックに関する展示，LLブックやさわる絵本などの新刊の積極的な受入が，貸出数に影響することを明らかにしている。河内長野市立図書館は，コーナーの設置によって，長いあいだ福祉関連の棚にあったLLブックと，点字・録音図書コーナーに置かれていたマルチメディアDAISYの貸出が伸びたことを報告している。吹田市立図書館は，2014年6月から翌年2月にかけて，「LLブック（やさしくよめるほん）コーナー」の資料を市内8館に巡回展示した結果，よく借りられたことを報告している。さらに，中央図書館と千里山・佐井寺図書館では，コーナーの本やLLブックの利用が増えてきたと報告している。

　このようなコーナーの本の貸出数の増加は，コーナーを設けたうえで地域の関連組織や利用者に広報したことも大きく影響していると考えられる。ウェブサイト，市の広報誌や図書館だよりへの掲載，FM等の放送，民生・児童委員協議会や公民館長会議への説明等が積極的に行われてきた。

　3館ともに今後は，知的障害者の利用につなげていくことが課題であると報告している。そのためには，広報やLLブックの巡回展示や障害関連の展示を継続して多くの人にコーナーを知ってもらうことが，当事者や家族，支援者への周知にもつながっていくと考える。また，図書館体験ツアーやアウトリーチサービスで直接当事者や事業所に知らせていくことも効果的である。

　コーナーの選書について，今回試みたLLブック以外の本も加えたコーナーのつくり方が，多様な利用者層への貸出につながっていると考えられる。しかし，わかりやすさを最大限考慮してつくられている本がLLブックであるので，基本的には

LLブックを多く所蔵する方向性が望ましい。また，一般書から選書する場合，複数館で情報交換する，あるいは同一館内の複数の図書館員で論議することで，コーナーに適したわかりやすい本を選定するとよいだろう。

なお，資料編4の各館の図書リストの「一般書」や「児童書」の選書は，各館独自に行われている。また，コーナーの名称について，本節1のタイトル等では「LLブックコーナー」を使用しているが，LLブック以外の本も合わせてコーナーをつくっているため「わかりやすいほんコーナー」「わかりやすい本のコーナー」等の名称も使用されている。LLブックの出版点数と図書館での所蔵冊数の増加とともに，近い将来「LLブックコーナー」と統一できることが望まれる。

LLブックコーナーのある図書館とない図書館の違いをわかりやすくマンガで表現し，資料編1に掲載した。参考になれば幸いである。

2．マルチメディアDAISYの提供

目的

近年，読み書き障害の児童生徒の学習用と知的障害や発達障害の子どもたちの読書支援にマルチメディアDAISYの使用が広がってきた。学校教育の合理的配慮の方法の一つとして，関心が高まっている。図書館においては，読めなくても聞いて見てわかる資料として，知的障害，自閉症，肢体不自由，読み書き障害，弱視の人等に，利用効果が高いと考えられる。ただし，利用するには，パソコンやタブレット端末等の機器が必要となるため，展示にとどまっている館も多い。そこで，障害者，支援者，教育福祉関係者にマルチメディアDAISYの視聴と貸出の機会を提供することにより，普及を目指すことを目的とする。

河内長野市立図書館

提供方法

先述のとおり「わかりやすい本のコーナー」に9点のほか，同じく1階の奥にある「いきいき健康／点字・録音図書コーナー」に63点のマルチメディアDAISYを置いている（2018年6月末現在）。また，2018年2月からはデータベース用端末（オンラインデータベースや国立国会図書館のデジタル化資料送信サービス等が利用できる端末）でも試聴できるようにした。

そのほかには，啓発活動の一環として，「さわる絵本・布の絵本大公開」（年2回

開催）や出張えほんのひろば等の会場で，著作権者の許可を得ているため誰でも視聴できる作品を再生し，体験してもらっている。

アウトリーチサービスでのマルチメディア DAISY 上映については 3 節の 2 で述べる。

マルチメディア DAISY リスト

資料編 5 を参照。

評価

先述のように「わかりやすい本のコーナー」の設置に伴い，勉強を目的とした福祉・教育関係者による（著作権者の許可を得ているため当事者以外も貸出可能な作品の）貸出が増えた。また，学校でマルチメディア DAISY を薦められた保護者が試聴する機会もあった。

また，「さわる絵本・布の絵本大公開」では，偶然来館した放課後デイサービスの生徒 2 名に見せる機会を得た。「パパンがパン」（矢部剛／企画・5 分）という，パンの名称を当てるクイズ形式の作品を楽しんでいた。

成果と課題

このように，少しずつ認知され利用される機会は増えているものの，当事者による定期的な利用には至っていない。例年，各学校の支援学級に「マルチメディア DAISY を利用しませんか」という案内ちらしを送っているが，それを見ての問い合わせは今のところない。当事者に直接見てもらう機会をつくることが第一の課題である。

吹田市立図書館

提供方法

2014 年 7 月から，千里山・佐井寺図書館内でマルチメディア DAISY の利用体験ができるようにし，貸出も開始した。

2014 年 10 月には「マルチメディアデイジー体験会」を実施した。マルチメディア DAISY について，NPO 法人 NaD（ナディー）の方による講演ののち，同じ会場で自由に利用体験ができる約 2 時間のイベントである。

2016 年 12 月からは千里山・佐井寺図書館を含む市内全館で館内での利用体験や貸出の受付ができるようにした。体験会以外での利用件数は表のとおり。利用体

をされたのは，知的障害者，FM 千里（コミュニティ FM 放送）の取材，社会福祉協議会の委員，支援学級の教員，さわる絵本製作ボランティアほか。貸出したのは，脳機能障害者，支援学級の教員，さわる絵本製作ボランティア，弱視児童のための活動をしている NPO「弱視の子どもたちに絵本を」だった。

また，知的障害者通所施設の利用者を招いて行った図書館体験ツアー（2017 年 11 月に中央図書館，2018 年 6 月に千里山・佐井寺図書館で実施）のなかでマルチメディア DAISY をスクリーンに投影して紹介した。

吹田市立図書館におけるマルチメディア DAISY の利用件数

利用体験

年度	件数	実施館
2014	2	千里山・佐井寺
2015	3	千里山・佐井寺
2016	1	千里山・佐井寺
2017	4	千里山・佐井寺，中央，山田駅前
2018＊	0	

貸出

年度	件数	実施館
2014	0	千里山・佐井寺
2015	10	千里山・佐井寺
2016	5	千里山・佐井寺
2017	3	千里山・佐井寺
2018＊	0	

＊2018 年度のみ上半期

マルチメディア DAISY リスト

所蔵タイトルはほとんどが伊藤忠記念財団から寄贈された「わいわい文庫」のシリーズである。所蔵数は著作権法 37 条 3 項の適用を受けるもの（障害者のみ利用可能）が 26 枚，著作権者の許可を得ているもの（誰でも利用可能）が 7 枚ある。吹田市立図書館で所蔵していないものは，利用者から希望があれば，大阪府立中央図書館や大阪市立中央図書館から取り寄せたり，個人会員となってダウンロード利用ができる機関を紹介したりしている。

評価

貸出した支援学級の教員からは，「非常に役立つ」「児童が利用を大変楽しみにしている」とのことばをいただいた。

図書館体験ツアーでスクリーンに投影した際には，参加者に大変好評だった。

なお，NPO「弱視の子どもたちに絵本を」は，弱視児が交流することを目的とした集まり等で，複数回にわたってさまざまなタイトルを利用されている。全盲で知的障害を併せもつ成人や児童が，音声 DAISY と同様に，音声だけを聴くという利用の例もあるそうだ。

成果と課題

　まだまだ利用が少ない。当事者の周りの人（教員，NPOなど）から利用体験希望はあったものの，その後，当事者の利用へと広がっていない。当事者の利用につながるようなPRをしていく必要がある。

　NPO「弱視の子どもたちに絵本を」からは「マルチメディアDAISYの利用を広げる以前に，当事者が再生機器を使える環境が身近にないことがハードルになっている」という旨の指摘があった。ハードの提供や操作方法の案内が必要である。パソコンやタブレット端末を持っていない方や，購入しにくい方のために，身近にある市立図書館でタブレット端末の貸出や操作体験ができるようにしていくことが望ましいと思われる。

　また，所蔵タイトル数を増やしていけるとよい。

全体のまとめ

　2館ともに，体験してもらうための取り組みに努めている。河内長野市立図書館は「さわる絵本・布の絵本大公開」（年2回開催）や出張えほんのひろばで視聴の機会をつくり，吹田市立図書館では，「マルチメディアデイジー体験会」が開催された。先の表の利用件数からも，利用体験（館内閲覧）・貸出機会を設けることは，効果的な促進の手段のひとつであることがわかる。また，河内長野市立図書館のように「わかりやすい本のコーナー」に排架することで，貸出が増えることもわかった。これからも体験できる機会をつくり，それを広報することが重要だろう。また，個室を設置することによって，一人，あるいは支援者と一緒に視聴することが容易になった。視聴するためのパソコンやタブレット端末を準備して，これについてもしっかり広報するとニーズが出てくると思われる。知的障害者に直接視聴してもらう機会を定期的に設け，読書の楽しみを提供できれば，今後の個人視聴にもつながっていくと考えられる。そのため，後述するアウトリーチサービスや体験ツアーが大切なのである。

2節　わかりやすい環境的配慮と情報提供のための事例

　本節では，知的障害者が利用しやすい図書館の環境的配慮とわかりやすい情報提供への取り組みを報告する。

個室の設置を河内長野市立図書館と桜井市立図書館が，図書館のわかりやすい利用案内を吹田市立図書館，河内長野市立図書館，桜井市立図書館が報告する。理解・啓発のためのポスターの掲示については，吹田市立中央図書館と桜井市立図書館の事例を紹介する。

　取り組みごとに，藤澤が「目的」を示し，「全体のまとめ」として総括をする。

1．個室の設置と利用

目的とルール

　個室は，同行者が利用対象者に読み聞かせや代読をする，マルチメディアDAISY等を視聴するための機器を使用する，障害特性による落ち着きのなさや声を出す等の行為のある人が安定するための場所として利用する目的で設置する。

　利用対象は，障害のある人（知的障害，自閉症，読み書き障害，認知症，失語症，視覚障害，聴覚障害，肢体不自由，精神障害等）と，同行する家族，ガイドヘルパー，介護者等とする。

　名称は「よむ・きく・やすむへや」とする。ただし，用途によって，「よむ・きくへや」「よむ・きく・はなすへや」でも良い。

　次のピクトグラムを使用する。なお，「きく」「はなす」「やすむ」はコミュニケーション支援用JIS絵記号を使用し，「よむ」は本研究のために制作した。

　　よむ　　　　きく　　　　はなす　　　やすむ

河内長野市立図書館

方法

　河内長野市立図書館では，数人で話しながらグループ学習などができる「グループ室」と対面朗読サービスを行う「対面朗読室」がもともと設置されている。個室の趣旨・目的のうち「同行者が利用対象者に読み聞かせや代読をする部屋」の役割

をグループ室で,「障害特性による落ち着きのなさや声を出す等の行為のある人が安定するための場所として利用する部屋」の役割を対面朗読室で果たすべく準備を進めた。

グループ室は先述のとおり数人で話しながらグループ学習などができるガラス張りの部屋で,開館の9時30分から17時までは申込み等も必要なく誰でも出入り自由となっている(17時から閉館の20時までは申込みが必要)。6人掛けの丸テーブルが2つと10人座ることができるカウンター席がある。障害者サービスに関わる資料を多く置いている「点字・録音図書コーナー」の奥に位置しているが,入り口はヤングコーナーに面している。そのため,主に中学生・高校生が談笑しながら自習する場として使用しており,図書館もヤングサービスの一貫となることを想定して,中学生・高校生向けのポスターやちらしを置いたり,中学生・高校生を対象とした読書アンケートを設置したりしている。一方で,平日など中学生・高校生の少ない時期は空いており,外に談笑する声や音が漏れにくい設備を生かし,電卓やパソコンのキーボードなど音の出る機器を使用する利用者にはこの部屋を案内したり,市の高齢福祉課が養成したボランティアによる認知症カフェを月1回行う場ともなっている。

このグループ室で,知的障害者が同行する家族,ガイドヘルパー,介護者等と話しながら本を読んだり代読してもらったりできることをPRするため(もともとできないわけではなかったが,そのような利用の仕方ができるとは思われていなかったので),2018年11月13日より「グループ室」を「グループ室＝よむ・きく・はなすへや」とし,この名称をラミネート加工して表示した。これまでどおり,使用が申込制となる17時以降を除いてこの部屋への出入りは自由とし,特に予約や申込みは必要なく,利用資格に制限は設けていない。席数の範囲内で,自習している中学生・高校生等の他の利用者がいる場合は,部屋を共有することになる。

グループ室を利用した「よむ・きく・はなすへや」の入り口(左)と室内(右)

対面朗読室は机1つに椅子が2脚の小部屋で，対面朗読サービスを行う目的で設置されているため，防音効果の高い部屋である。この部屋を，知的障害者がパニックになったときに介護者と一緒に入ってクールダウンできる部屋として使用するために，知的障害者の就労継続支援施設に助言を求めた。特に，この部屋の棚には録音図書のマザーテープをたくさん置いていたので気が散って落ち着かないかと心配だったが，「棚に無地の布を貼ったらいいのでは」との助言に従い，棚と同じ茶色の布を貼った。そうした準備を経て，先述と同じく2018年11月13日より「対面朗読室」を「対面朗読室＝よむ・きく・やすむへや」とし，この名称をラミネート加工して表示した。この部屋を使用する際の手順は，まず利用者（パニックになった知的障害者等の支援者・介助者）が1階メインカウンター（この部屋の最寄のカウンター）に利用を希望する旨を申し出る。職員は（通常は施錠しているため）部屋を開錠して台帳に入室時刻を記録する。30分経っても退室されない場合は職員が入室して安否確認をする。万一，対面朗読中に利用の申し出があった場合は，この部屋を利用できないため，事務室内の応接室等で対応することとなる。

対面朗読室を利用した「よむ・きく・やすむへや」の入り口（左）と室内（右）

　「グループ室＝よむ・きく・はなすへや」と「対面朗読室＝よむ・きく・やすむへや」については，ウェブサイトで案内するほか，これらの部屋と「わかりやすい本のコーナー」「点字・録音図書＝いきいき健康コーナー」「音と映像のコーナー」の見取り図を示した「図書館へいらっしゃい」というちらしを作成し，対面朗読サービス（知的障害者への代読を含む）やさわる絵本・布の絵本，マルチメディアDAISY等のサービスの案内ちらしとともに，障がい福祉課，市立福祉センター，市内の福祉施設45カ所に配布した。

評価

開設から現在（2019年9月）まで，知的障害者等による利用はないが，ちらしを配布した効果かどうか，知的障害者とその支援者の来館が若干増えた。

成果と課題

ひとまず，館内に2つの部屋を準備することができたことを成果としたい。これらの部屋の存在が「安心して来館できる」という認識につながるよう，今後も図書館体験ツアーなどの当事者や介護者と直接話せる機会をもち，PRしていきたい。

障害者サービスのコーナーを示すチラシ
「図書館へいらっしゃい」

桜井市立図書館

方法

2018年11月から，朗読サービス室を「よむ・きく・やすむへや」としても利用できるようにした。室内は，靴を脱いでくつろげるようにマットを敷き，机と椅子を並べた。

利用対象は，本研究で定めた「障害のある人」と「同行する家族，ガイドヘルパー，介護者等」としている。具体的な障害の種類は，知的障害，自閉症，読み書

き障害，認知症，失語症，視覚障害，聴覚障害，肢体不自由，精神障害等としている。

　障害の特性によって，大きな声を出してしまう，周囲の目が気になり落ちつけない，パニックになってしまったので落ちつきたいといった理由や，同行者に声に出して本を読んでもらいたい，代読してもらいたいといった目的で利用していただけるようになっている。

　利用方法は，カウンターに申し出てもらい，利用に関するアンケート（障害の種類，利用目的，利用人数）を口頭で確認するようにした。確認後に，「使用中」のプレートをお渡しし，ドアノブにかけて個室を利用してもらう。時間制限は設けていないが，2組目の利用希望者が来られた時は，図書館スタッフが交代できるかを確認する予定である。

　また，広報について，後述の図書館体験ツアーでの館内案内の際に個室について説明しているが，それ以外は館内のポスター掲示にとどまっている。今後，施設へのチラシ配布などを考えている。

「よむ・きく・やすむへや」の室内（左）とサイン（右）

評価

　運用開始から，1カ月ほど経つが利用はない。知的障害の方と思われる利用者も何名か来館されているが，付き添いの方がおられたり，声が出ても気になるほどではなく，他の利用者からの苦情もないため，図書館スタッフから個室の利用を勧めることもなく現在に至っている。

成果と課題

　ひとまず，個室を使っていただけるように準備できたことが成果である。広報が

十分でないため,広報後の利用状況に期待したい。

ただ,個室はあくまでも必要に応じての利用で良いと考えているので,過度な期待はしていない。他の利用者とも問題なく図書館で落ち着いて過ごせるのであれば,それがベストだと考える。

全体のまとめ

2018年11月に個室を設置した2館の報告である。どちらも,これまでの部屋の使用目的と併用した形をとっている。河内長野市立図書館は,数人で話しながらグループ学習などができるグループ室を「よむ・きく・はなすへや」,対面朗読室を「よむ・きく・やすむへや」としても利用できるようにした。桜井市立図書館は,朗読サービス室を「よむ・きく・やすむへや」としても利用できるようにした。部屋のネーミングにあたっては,論議があったが,用途がわかりやすい名前にしてピクトグラムを併記することにした。設置したばかりでまだ利用はないが,当事者や家族,支援者からのニーズはあるので(3章1節参照),地域の事業所や特別支援学校等に広報して,これからの利用状況をみていきたい。

2.わかりやすい利用案内の制作と利用

目的

わかりやすく書かれた図書館利用案内を作成することで,知的障害者などに,図書館とはどういう場所か,何ができるのか,どうやって使うのかなど,基本的な利用方法を知ってもらい,図書館の利用を進める。

吹田市立図書館

制作と利用方法

2014年に近畿視覚障害者情報サービス研究協議会のホームページにLL版利用案内のひな型が公開されていることを知り,図書館の利用の促進を目的とし,吹田市立図書館の障がい者サービス担当者会として利用案内の制作に取り組むことになった。先のひな型をもとに作成した案を叩き台に担当者会で話し合いを重ね,2015年3月に完成した。迷った箇所については,近畿視覚障害者情報サービス研究協議会や吹田市立中央図書館最寄りのさつき障害者作業所からアドバイスを受け

た。

　その後，新しく導入された自動貸出機・返却機の写真を入れて2016年7月に改訂，同年11月には大和大学教授藤澤和子先生の指摘を受け，わかりにくい表現や分かち書きの不備を修正した。

　印刷したLL版利用案内は，市内全図書館に置いて希望者に配布できるようにした。手に取る方や「これ何？」とカウンターの職員に尋ねにくる子どもがいた。また，司書課程で学んでいる複数の学生から，作成の意図や経緯について質問を受けた。図書館体験ツアーに協力してくださった知的障害者通所施設の職員に渡したところ，興味を示されていた。同ツアーの実施時には，一部のページをスクリーンに投影して図書館の利用について説明した。

作品

　全30ページを吹田市立図書館ウェブサイト（トップページ＞利用案内＞りようあんないやさしくよめるLL版，またはトップページ＞障がい者サービス＞LLブックの借出＞『ようこそ吹田市立図書館へ　やさしく読めるLL版』）からPDF形式で見ることができる。

吹田市立図書館のLL版利用案内『ようこそ吹田市立図書館へ』

成果と課題

　市内全館には設置をしているが，館内で当事者に直接手に取ってもらえる機会は少ないと思われる。2018年度末には550部増刷し，関連施設等へ配布して，来館されていない当事者や支援者（家族，ヘルパー，施設職員など）に届くよう努めている。

河内長野市立図書館

制作と利用方法

近畿視覚障害者情報サービス研究協議会のひな形をもとに制作した。クリアファイルに入れて「LLブックコーナー」「1階カウンター」「いきいき健康/点字・録音図書コーナー」に置いているほか,ウェブサイトの目立つところに見出しで示して公開している。

また,2011年度にはA5サイズに印刷したものを市内の施設59カ所(内,福祉施設33カ所)に,対面朗読や団体貸出等を案内するちらし類とともに郵送した。

桜井市立図書館

制作と利用方法

近畿視覚障害者情報サービス研究協議会ウェブサイトに掲載されているひな形をもとに,自館のサービスに合わせて内容を修正した。ひな形は21ページであったが,表紙を含めて8ページとした。図書館の場所や連絡先,図書館でのきまり,借り方・返し方など,基本的な図書館の利用方法を載せている。

A3用紙片面に8ページ分(後出の「LL版図書館利用案内原本」参照)を印刷し,手作業で冊子に仕上げる。できあがった利用案内は,LLブックコーナーに設置し,自由に持ち帰っていただけるようにしている。

作品

作成手順は以下のとおり。
①各ページにそって,8等分に折り目をつける。
②中央に切り込みを入れ,写真(右)のように切り込み部分を折り広げ,たたむ。

③順番にページが並ぶように整えて，完成。

成果と課題

2017年5月からLLブックコーナーにLL版図書館利用案内を設置，利用者への配布を開始し，2018年9月12日時点で，56部持ち帰られた。本章1節で述べた展示に併せて置いたところ，手に取ってご覧になる方も増えた。

現在は館内に置いているだけだが，本来想定している利用者である，障害をお持ちの方が手に取っている様子は少ない。来館して見ていただくことを待ち続けるのではなく，可能ならば，市内の関連施設への送付など，こちらから図書館のアピールをしていくことも考えたい。

全体のまとめ

3館はいずれも近畿視覚障害者情報サービス研究協議会LLブック特別研究グループが2011年に公表したひな形をもとに，各館の利用条件や施設に合わせた『ようこそ図書館へ』を制作している。

研究代表者の藤澤も，グループのメンバーとしてひな形の制作に携わった。当事者の意見を聞きながら，わかりやすい文章と，ピクトグラムや写真や絵を多く使って制作した。左ページ全面には項目と大きなピクトグラムを入れ，右ページにその項目の内容を文字で表記して，見開き単位で伝えたい情報を明確に示すデザインになっている。

藤澤は，この『ようこそ図書館へ』の普及と当時者への効果を調べるために，京都精華町立図書館と共同制作した『ようこそ図書館へ』を，特別支援学校や国際交流団体，地域の事業所等に配布し，配布先の25ヵ所にアンケート調査を行っている。15ヵ所から回答があり，その内14ヵ所（93％）から「わかりやすい」という

5章　公共図書館における合理的配慮の実践事例

桜井市立図書館 の ご案内

○ れんらく先

〒633-0051　桜井市河西31
でんわ　0744-44-2600
FAX　0744-44-2528
メールアドレス　tosyokan.sakura@office.eonet.ne.jp

○ れんらくできる時間

月よう日 ～ 日よう日（火よう日・第2金よう日休み）
ごぜん9時～ ごご5時

ようこそ 桜井市立図書館へ

図書館は　だれでも　利用できます。

○ 図書館には、本、ビデオ、DVD、CD、カセットが あります。
○ 奈良県に 住んでいる人は 借りることが できます。
○ 「LLブックコーナー わかりやすい本」は、
　　読みやすくて わかりやすい 本を 集めています。
　　お金は いりません。
○ 車いすを 借りることが できます。
○ 障害者用トイレが あります。
○ 駐車場の お金は いりません。

障害者用トイレ　　駐車場

図書館でのきまり

○ 図書館の本、ざっしは やぶっては いけません。
　ビデオ、DVD、CD、カセットは おとしては いけません。

○ 図書館の中で 食べたり 飲んだりしては いけません。

○ 図書館の中では しずかにしましょう。

 借りる

借りるときには、① 「図書カード」を 作ります。
　自分の 名前や 住所が わかるもの、または、
　障害者手帳を 図書館の人に 見せましょう。
　係の人が 図書カードを 作ってくれます。

 ② 図書カードと 借りたい本を 図書館の人に
　見せます。

桜井市立図書館の LL 版図書館利用案内原本

回答を得ることができた。ほかにも、「図書館に行きたいという要求がでた」「図書館に関心を深めるきっかけになった」という回答が9件（60％），「これをきっかけに実際に図書館へ行った人がいる」という回答が3件あった。このことからも，図書館の基本的な概要とサービス内容をわかりやすく情報提供することが，知的障害者の公共図書館の利用を進めることにつながると考えられる[5]。

『ようこそ図書館へ』は，各館で，配布やウェブサイトへの掲載にとどまらず，図書館体験ツアーやアウトリーチサービス等，さまざまな場面で活用されており，これからも障害者サービスに役立てられるであろう。

3．理解・啓発ポスターの制作と掲示

主旨

資料編2にあるポスター2編は，知的障害者をはじめ，さまざまな人が図書館を気持ちよく楽しく利用することができるように，図書館を利用するすべての人々に理解を促す目的で制作した。

ポスター1〈ようこそ図書館へ　図書館はどなたでも利用できます〉は，さまざまな人が利用している図書館を描き，「図書館はどなたでも利用できます」というメッセージを表現した。知的障害，視覚障害，身体障害，聴覚障害，自閉症，てんかん等のある人，外国人，高齢者，子ども，妊婦などが安心して図書館を利用している。そのような図書館になるように，「すべての人が利用しやすい図書館をめざしています」との目標を入れた。

ポスター2〈図書館にはいろんな本があるようにいろんな人が利用しています〉は，知的障害者や自閉症の人たちが，図書館などで見せることがある特徴的な行動をあえて描いた。すべての利用者に，そのような行動が障害の特性の一つであり，やや不可解に見えることもあるが，彼らも図書館を楽しんでいるのだということを伝えたいと考えた。「願いは一緒」なのである。

制作には，3館の協力図書館と研究協力者の小尾隆一と吉田くすほみ，ほかに社会福祉法人大阪手をつなぐ育成会法人事務局相談支援室長である左古久代などの協力を得た。

なお，ポスターの主旨に賛同いただき，公益社団法人日本図書館協会の後援を得た。

掲示

桜井市立図書館と吹田市立中央図書館で掲示されている様子を紹介する。

桜井市立図書館

吹田市立中央図書館

3節　職員によるわかりやすい対応と読書を届けるための事例

　本節では，図書館員が知的障害者と支援者に直接関わりをもって進めた3つのことを報告する。図書館へ当事者を招いて図書館利用や読み聞かせなどを体験していただく取り組み，事業所を訪問して本を届けるアウトリーチサービスによる取り組み，知的障害者を図書館員として雇用する取り組みを報告する。各館の取り組みには，協力いただいた事業所に応じたそれぞれの工夫がある。

　図書館体験ツアーは吹田市立中央図書館，吹田市立千里山・佐井寺図書館，桜井市立図書館が，アウトリーチサービスは河内長野市立図書館，吹田市立中央図書館が，知的障害者の図書館雇用は桜井市立図書館が報告する。

　図書館体験ツアーとアウトリーチサービスについては，それぞれ藤澤が「目的」を示し，「全体のまとめ」として総括をする。

1．図書館体験ツアー

目的

　3章1節の利用実態の調査において，図書館の未利用の理由に，「行きたいけれど一人では行けない」「図書館を知らない」「何をしているところかわからない」等

の回答が，全回答数の約5割を占めた。その実態をふまえて，知的障害者を図書館に招いて利用体験をする「図書館体験ツアー」（以下，体験ツアー）を実施した。図書館はどんなところで，何ができるのかを知ってもらい，図書館の楽しさや本への関心を高めることを目的とした。

吹田市立中央図書館

準備

　読書サポート講座を受講した職員が中心となって行い，講座で学んだことを実践することを意識した。開催日は，気兼ねなく見学してもらえるよう，休館日とした。
　参加は，当館に隣接する「さつき障害者作業所」に呼びかけたところ，快諾を得た。同作業所の通所者は，読書サポート講座の代読実習に協力した際，図書館は楽しい所という印象を抱かれたそうだ。
　開催に向け，作業所の職員と打ち合わせを重ねた。まず，図書館の印象を伺ったところ，「図書館は静かな場所というイメージがあり，声が出る方や多動の方にとっては敷居が高い」とのことであった。そのため，他の利用者を気にする必要のない休館日に開催することを，参加しやすいと思われたそうだ。開催時間は，作業所で午前中に日課があるため，昼食後から帰宅準備までの間，午後2時から3時までの1時間となった。
　体験ツアーの内容として，資料の紹介・図書館の利用案内・館内の自由閲覧・読み聞かせを提案した。マルチメディアDAISYやLLブックに興味を示され，「図書館にこのような資料があることを知らない人もいるだろうから紹介してもらえるのはありがたい」とのことだった。体験ツアーを1時間以内に収めるため，当初，読み聞かせは次の機会に譲ろうかと考えていたが，作業所の職員からプログラムに入れてほしいと要望があった。作業所では劇に取り組んでおり，その題材とする絵本や紙芝居の読み聞かせを行っているそうで，体験ツアーで読み手となる司書の専門性に期待されていた。また，読み聞かせをする絵本は当日の参加者で選びたいとの希望も受けた。参加する通所者がその日その場で興味をもつ絵本の方が良いとのことだった。図書館としても絵本を選ぶ楽しさを知ってほしかったので，図書館側であらかじめ用意した読み聞かせに向く複数冊の中から選んでもらうことにした。なお，車椅子の方が参加するかもしれないとのことで，会場の入り口の段差や幅を確認してもらった。プログラム決定後には，出入りや昇降などの当日の動線も確認した。
　打ち合わせを重ねて決めたプログラムは，以下のとおりとなった。

「さつき障害者作業所」体験ツアープログラム
2017 年 11 月 30 日（木）14：00 〜 15：00

時刻	プログラム	場所
14：00	LL ブック，マルチメディア DAISY の紹介（スクリーンに投影）	第 1 集会室
14：15	LL 版利用案内（スクリーンに投影）読み聞かせの絵本の選択	
14：30	移動	
14：35	フロア案内 →「やさしくよめるほん」コーナーを含めた自由閲覧	1 階フロア → 2 階フロア
14：45	読み聞かせ	1 階じゅうたんコーナー
15：00	感想お伺い，終了	

＊最長 15：15 までに終了

　資料の紹介に重点を置き，図書館の利用案内は簡潔に行うことにした。読み聞かせの絵本を 2 冊選んでもらった後で，自由閲覧に入り，その間に読み聞かせ担当の職員が絵本に目を通すことにした。読み聞かせは子ども対象の時と同様にじゅうたんコーナーで行い，最後に感想を聞くという流れにした。

　なお，初回の打ち合わせ時に，LL 版の利用案内を紹介した。簡潔な言葉で分かち書きをし，ピクトグラムを使用して，図書館の利用についてわかりやすく説明していることを，実際のページを見せつつ説明した。1 部渡したところ，職員室に置いて手に取れるようにするとのことだった。

当日の流れと様子

　通所者 11 名・職員 5 名の計 16 名が参加された。集会室に案内し，椅子に座ってもらった。通所者は当初，緊張の面持ちだったが，図書館に来館したことがある方が積極的に発言されて，場が和やかになった。

　まずは，資料の紹介をした。図書館の資料にはいわゆる本だけではなく，さまざまあることを知ってもらうため，新聞や雑誌，CD や DVD，マンガなど，実物を見せながら話をした。

　次に，LL ブックとマルチメディア DAISY を特に紹介したい資料として見せた。LL ブック『はつ恋』（樹村房，2017）は投影機でスクリーンに映した。読書サポート講座で学んだ代読の手法を取り入れ，言葉を添えながら紹介した。通所者は，おもしろい場面で笑ったり先の展開を予想したりと楽しまれている様子で，「続きは？」「この本欲しい！」という声も上がった。マルチメディア DAISY『おにぎりおむすび』（『わいわい文庫 マルチメディア DAISY 図書 2017 Ver. BLUE』伊藤

LLブック『はつ恋』のスライドを見る

読み聞かせの本を選ぶ

忠記念財団，2017）はノートパソコンで再生してスクリーンに映した。通所者は，「おにぎり〜」の掛け声に合わせて声を出したり膝をたたいたり，おにぎりの具材を推測してそれが当たると手をたたいて喜んだりと，夢中になって見ていた。

引き続きスライドを用いて，図書館の利用案内を行った。LL版の利用案内を映し，「図書館にはわかりやすい本もあります」「わからないことや困ったことがあったら，図書館の職員に聞いてください」と伝えた。

その後，図書館側で用意した15冊の絵本の中から，読み聞かせをしてほしい本を2冊選んでもらった。好みがばらばらで希望も違ったが，そこは事前の打ち合わせどおりに作業所の職員が取りまとめてくれた。

絵本を選んでもらった後は，閲覧室へ案内した。ここで，館内を案内する予定だったが，すぐにそれぞれが自分の好きな本を探し始め，自然と自由閲覧の時間に入った。絵本や紙芝居，乗り物の図鑑，サッカーや映画の雑誌，マンガの人気があるようだった。宝塚の本や電車の本が見たいという質問もあった。

2階フロアに設置している「やさしくよめるほんコーナー」では，「先ほど紹介した『はつ恋』みたいな本がある」と案内したところ，本を手に取って，じっと読まれていた。館内を見渡すと，思い思いの場所で好きな本を手に取られていた。

読み聞かせの開始時間の少し前に，じゅうたんコーナーに集まってもらった。通所者が選んだ絵本は，『カレーライス』（福音館書店，2016）と『ふくろにいれられたおとこのこ』（福音館書店，1992）だった。『カレーライス』は身近な食べ物を扱った絵本であるためか，通所者はじっと見入っていた。『ふくろにいれられたおとこのこ』は少し長めの話（フランス民話）だったが，最後まで聞いてもらえた。

最後にツアーの感想を聞いたところ，「楽しかった」との声があちこちで上がった。

自由閲覧で興味のある本を探す

「やさしくよめるほん」コーナーの本を見る

読み聞かせを楽しむ

評価

　後日，さつき障害者作業所から改めて感想をいただいた。「読み聞かせが良かった，またやってほしい」「図書館の中を自由に見られて嬉しかった」等々好評で，作業所の職員からも「本とじっくり関わることがないので，いい経験になった」との感想があった。参加者に喜んでもらえたことが，体験ツアーに携わった図書館員一同，大変嬉しく，「開催して良かった」「ツアー参加をきっかけに，本や図書館に親しみを持っていただけたら」等の感想を抱いた。

成果と課題

　今後の課題は3点ある。1点目は，定期的に開催することである。プログラムを再検証してより良い内容にすることを目指しつつ，体験ツアーへの参加を作業所の年間スケジュールに組み入れてもらう等が考えられる。2点目は，読書や図書館利用につなげることである。体験ツアーを知的障害者の図書館利用のきっかけにし，貸出や閲覧といった資料の利用につなげるにはどうしたら良いかを考えていきた

い。3点目は，市内各施設に打診することである。さつき障害者作業所だけでなく，市内の各施設に参加を呼びかけていきたい。また，将来的には市内の小・中学校の支援学級等，子どもを対象とした体験ツアーの開催も模索していきたい。

1点目の定期開催に関しては，翌2018年の秋に2回目の体験ツアーを開催した。さつき障害者作業所に呼びかけたところ，通所者9名・職員3名の計12名が参加された。プログラムは，初回を振り返って若干の修正を加えた。自由閲覧の時間が好評だったため長めにし，その分，図書館の利用案内をより簡潔にして座って聞いてもらう時間を短くした。この回も，資料の紹介時に拍手が起こったり，水族館や相撲に関する本が見たいというリクエストがあったり，当事者が本を求める気持ちをひしひしと感じた。開催終了時には，「楽しかった」「良かった」という感想を口々にいただいた。

これからも「図書館体験ツアー」を継続し発展させていきたいと考えている。

吹田市立千里山・佐井寺図書館

準備

千里山・佐井寺図書館では「ワークセンターくすの木」（社会福祉法人さつき福祉会）の協力で体験ツアーを実施することにした。さつき福祉会には前年に「さつき障害者作業所」から吹田市立中央図書館での体験ツアーや読書サポート講座にご協力いただいていた。2018年2月に打診し，時期を相談した。5月17日には千里山・佐井寺図書館で具体的な打ち合わせをし，実施日時が6月29日（金）13時45分から14時30分（休館日）とした。

打ち合わせでは表のように確認した。

室内プログラムについては，センター職員から下記のとおり詳細なアドバイスがあり，障害の重い方も楽しめるように組むことを基本事項とした。

・LLブックは楽しめそうな利用者もいるが，全員を対象にするには内容が難しい。
・さわる絵本を楽しめる利用者もいるが，さわるだけで理解するのは難しい視覚障害者もいるので，軽く紹介するだけにとどめる。
・マルチメディアDAISYのコンテンツリストを確認してもらい，「おにぎりおむすび」を実際に視聴してもらったところ，全盲の方を含めた多くの方が楽しめそうということから，「おにぎりおむすび」に決定した。
・読み聞かせをする絵本は，わらべうたやことばのくりかえしのある通常1～2歳向きとされるようなもので，かつ全盲の方も楽しめるものがよい。ストーリー性のあるものは限られた方しか楽しむことができない。

「ワークセンターくすの木」との打ち合わせの内容

日時	2018年6月29日（金）13：45～14：30
人数	当事者10名ほど，施設職員7人
来館方法	マイクロバス
当事者の年齢	18～47歳（30代後半が多め）
障害の種類・程度	個々人で差異あり。障害の重い方や肢体不自由との重複障害の方が多く，車いす使用の方が5名，全盲の方1名。言葉での意思表示が難しい方も多く，表情での意思表示も難しい方もあり。
設備など	出入り口，トイレ，エレベーター等の動線を確認。電磁波を避ける必要のある方がいるので，ICタグ検知ゲート・自動貸出機・自動返却機をオフにする。室内プログラムの間，横臥する必要のある方があるのでござを敷く。
室内プログラムの内容など	マルチメディアDAISY「おにぎりおむすび」投影，絵本の読み聞かせ。LLブックやさわる絵本の紹介。
館内案内の有無・内容	今回はプログラム全体の時間数も短いので館内案内は不要。興味のある本の場所など，お尋ねがあれば個別に対応する。
図書館の利用状況	センター職員と一部の利用者での来館経験あり。
施設での図書利用状況	紙芝居や絵本の読み聞かせをする機会がある。雑誌やビジュアル本などを置いた図書コーナーがあり，楽しんでいる。
図書館員等の見学の可否と可能な人数	知らない方がいると負担になる方はなく，人とのかかわりが好きな社交的な方もいらっしゃるので見学者数を絞らなくてもよい。
LL版利用案内	施設職員に渡す。

・読み聞かせの絵本の選択肢として2冊選んでおくのであれば，差異が明確なもの（例えば，大型絵本と通常サイズの本，テーマが異なるものなど）がよい。

当日の流れと様子

「ワークセンターくすの木」体験ツアープログラム
2018年6月29日（金）13：45～14：30

時刻	プログラム	場所
13：45	・マルチメディアDAISY「おにぎり　おむすび」再生（スクリーンに投影） ・絵本『サンドイッチサンドイッチ』よみきかせ ・さわる絵本，LLブックを数タイトル紹介	多目的室
14：05	移動	
14：10	自由閲覧	1階および2階フロア
14：30	終了	

当日のスケジュールは，上記のように決まった。
　参加者は12名，うち車椅子利用者5名，視覚障害者1名，センター職員7名となった。初めに多目的室で15分ほど室内プログラムを楽しんでもらった。
　プログラムの始めには，わらべうた「ととけっこう　よがあけた」を図書館員がぬいぐるみを動かして見せながら歌った。その後，マルチメディアDAISY図書「おにぎり　おむすび」(『わいわい文庫　マルチメディアDAISY図書2017 ver. BLUE』伊藤忠記念財団，2017) をスクリーンに投影した。参加者は「おにぎりおむすび中身はなあに」と繰り返すフレーズではリズムにのって体を揺らしたり，手拍子を打ったりしていた。
　次にLLブック『ひろみとまゆこの2人だけのがいしゅつ：バスにのってまちまで』(清風堂書店出版部，2006) とさわる絵本『こぐまちゃんとどうぶつえん』(こぐま社，1985をもとに吹田市立図書館が製作) を紹介した。
　絵本の読み聞かせでは『おいしいおと』(福音館書店，2008) と大型の『サンドイッチ　サンドイッチ』(こどものとも年少版劇場，福音館書店，2014) を紹介し，どちらがよいか参加者に選んでもらった。手を挙げる，頷くなどの意思表示があり，『サンドイッチ　サンドイッチ』を読むことになった。「さよなら　あんころもち　またきなこ」のわらべうたで室内プログラムは終了とし，後半は館内で自由に過ごしてもらった。
　CD試聴(ドラマ「あまちゃん」のテーマ曲など) を楽しむ方，小型絵本や大型絵本『へんしんトンネル』(金の星社，2007) などを読んでもらっている方，お料理の本を見る方，さわる絵本を試してみる方，と個々人の興味に沿って過ごしていた。
　吹田市立図書館製作のさわる絵本『いないいないばあ』(改訂版，偕成社，1981.をもとに製作)，『はじめてのずかん1　やさい』(『はじめてのずかん1　どうぶつ・とり・むし・しょくぶつ・くだもの・やさい』偕成社，2002.の一部をさわる絵本として製作)，『とっことっとこ』(童心社，2003.をもとに製作) も見てもらった。『いないいないばあ』と『はじめてのずかん1　やさい』はセンター職員が上手に言葉を足しながら数人に読み聞かせをされ，参加者は問いかけに答えたり，笑ったり，楽しそうだった。
　障害の重い方で，さわる絵本のなかでも，描かれたものごとにさわった感触が異なるつくりになっている本 (例えば『さわってあそぶコロちゃんののうじょう』(評論社，2005)，『はらぺこあおむし　点字つきさわる絵本』(偕成社，2007)) であれば楽しめる，という方がいた。また「音の出る絵本やとびだす絵本があるとよい」とセンター職員からの声があった。当館にとびだす絵本はあまり所蔵していないが，書架にあった「ねこざかな」のシリーズ (フレーベル館) を見てもらった。

5章 公共図書館における合理的配慮の実践事例

さわる絵本の紹介

館内自由閲覧。CD視聴を楽しんでいるところ

評価

センター職員から全体として「プログラムがコンパクトに終わったので，自由閲覧はゆったりと見ることができてよかった．普段時間がなくて見られないコーナーもじっくりとみて過ごすことができて，有意義な時間をすごせた」，室内プログラムについては「食べ物を題材にした絵本も身近なのでよく見ていた」「心地よいテンポのリズムが音楽として耳にはいり，視覚的な映像と文章でも見ることができた。普段本だけでは楽しみづらい方々も一緒の題材を楽しむことができた」「言葉で聞くだけでなく見て触ってはじめてわかる人にとって，触る絵本などは，見る・聞くだけでなく実際触ることができて楽しめた」「図書館に行き慣れている人，プログラムを楽しめる方と，楽しむことが難しい人がいることに気がついた。このような機会がないとなかなか図書館に行けない人もおられたので，楽しい場所と認識していただける良い機会だったと思った」といった感想をいただいた。

当館では初めての試みで，どのようにするのがよいか手探り状態だったが，センター職員の大きな助力により，無事に実施することができた。

成果と課題

重度障害者は図書館に来館しづらいと思われがちだが，このツアーを実施したことで，さまざまな方法で図書館でのプログラムや資料を楽しんでもらえることが改めてよくわかった。

細やかに打ち合わせをすることの大切さもよくわかった。障害の程度，種類などに合わせてプログラムを組み，使用するコンテンツを選ぶ必要がある。どんなコンテンツが良いか，普段当事者と接している施設職員に細かく相談にのってもらうとよい。

重度障害者に役立つ，楽しめる図書館資料を，もっと当事者や家族，支援者などに知ってもらえるようなPRにも取り組んでいきたいと思った。

　障害の重い方が多く，利用者1.7人に対しセンター職員が1人付いて，館内自由閲覧の際には個人に合わせて細やかな声かけや配慮，読み聞かせなどをされていた。今後体験ツアーを実施する機会があれば，先方と打ち合わせのうえ，自由閲覧の時間に図書館員が個人に合わせてその場で読み聞かせや代読などをするなど，より細やかに対処することもできるのではないか。また，プログラムの実演については，身体を横たえる必要がある方にも絵本が見やすいように設営するなど，より工夫していきたい。

桜井市立図書館

準備

　来館者に知的障害を含めた障害のある利用者はいるものの，施設との直接的な関係はなかったため，まずは，市内の施設へ電話で体験ツアー参加の希望を伺った。2カ所の施設へ連絡したところ，当館から車で5分ほどの「指定障害福祉サービス事業所さくらんぼ」から参加希望の回答があった。

　体験ツアーの開催に先駆けて，2018年8月に施設へ伺い，打ち合わせを行った。打ち合わせでは，日時，来館人数，当事者の年齢，障害の種類や程度，来館方法，おはなし会のプログラムについて，館内案内の有無・内容，また，普段の図書館の利用状況，施設内での図書の利用状況を伺った。内容は表にまとめている。

　おはなし会のプログラムをつくるにあたっては，施設職員のアドバイスから，動物がでてくるおはなしを多く取り入れるように心がけた。

当日の流れと様子

　当日は，当事者13名，施設職員6名の参加となった。体験ツアーは，おはなし会20分，館内の案内10分，自由閲覧30分の計60分で行った。

　おはなし会は，まず，手あそび「ろうそくぱっ」のあと，マルチメディアDAISY「うしろにいるのだあれ」（『わいわい文庫　マルチメディアDAISY図書2017 Ver.1』伊藤忠記念財団，2017）をスクリーンに映した。文章のハイライトや読み上げのスピードは既定のもので行った。ただし，「○○のうしろにいるのだあれ」と質問をするところから，次のページの答へ移るところが若干早く感じたため，考える時間ができるように手動で一時停止しながら進めていった。当事者は付き添いの施設職員と一緒に，部分的に描かれた次の動物の絵を見ながら考え，口々

「指定障害福祉サービス事業所さくらんぼ」との打ち合わせの内容

日時	2018年11月9日（金）10：00〜11：00　※館内整理のための休館日
人数	当事者13名，施設職員6〜7名
来館方法	徒歩（雨天の場合は車）
当事者の年齢	10代後半〜50代後半（40，50代が多め）
障害の種類・程度	知的障害（ダウン症，自閉症など）の方ばかり。車いすは使用しない。手先を動かしたり，体を使った運動は可能。
おはなし会の内容など	マルチメディアDAISYは初めてなので見てみたい。LLブックもわかりやすそうなので紹介してほしい。 絵本や紙芝居も，幼稚園〜小学校低学年程度のものなら大丈夫。動物が出てくるものは食いつきが良いかもしれない。紙芝居は見たことがないかもしれないが，台本をつくったことがある。 写真や絵が多いものが好み。
館内案内の有無・内容	館内案内有り。 LLブックコーナー，児童開架室，一般開架室，カウンターの案内を希望。一般開架室は写真集や漫画，視聴覚資料の場所の案内を希望。
図書館の利用状況	暑い時や雨天の時に，1時間40分ほどの滞在をしている。 障害の特性により，大きな声を出してしまうといったことが，利用する際に気になってしまう。 貸出はせずに，来館して児童開架室で本を読んだり，新聞を読んだりするのが主な使い方。
施設での図書の利用状況	2階の本棚に児童書が置いてあり，自由時間や休憩時間に読んだり見たりする方もいる。

に動物の名前を言いながら楽しんでいた。

　次のLLブック『わたしのかぞく：なにが起こるかな？』（樹村房，2015）は，出版社から提供を受けたPDFデータを利用してスクリーンに映した。この本は写真のみでストーリーが描かれているため，事前に独自の台本を作成した。当日は台本を読み上げ，写真をじっくり見ていただけるように，スクリーンの場面転換をゆっくり行うようにした。コント仕立てのストーリーで，時折笑い声が聞こえていた。

　その次は，絵本『おめんです』（偕成社，2013）を読んだ。大型絵本も出版されているが，通常サイズのものでも絵がはっきりとしているため，おはなし会でも見やすくなっている。しかけ絵本になっており，お面をかぶった動物は何かをクイズ形式で進めていくようになっている。こちらも『うしろにいるのだあれ』と同様，何の動物かを考えながら楽しんでいた。

　最後のおはなしは，絵本『パンダなりきりたいそう』（講談社，2016）を読んだ。こちらも小さめサイズの本ながらも絵がはっきりしていて見やすいものを選ん

『パンダなりきりたいそう』の両手を上げるチューリップの体操の様子

LLブックコーナーと「よむ・きく・やすむへや」の案内

だ。登場する子どもパンダがチューリップやバナナ、おにぎりなどの体操をしている様子が可愛らしい絵本である。20分ほどじっと座っておはなしを聞いていた体をほぐすように、聞き手も読み手も子どもパンダに合わせて体を動かしながら楽しんだ。終わりに、手あそび「ろうそくふっ」で締めくくり、おはなし会は終了した。

　おはなし会が終わると、次は館内の案内に移った。一般開架室では興味をもつと思われる写真集や漫画、視聴覚資料の場所を案内した。LLブックコーナーでは、おはなし会のプログラムに入れなかったさわる絵本なども紹介し、隣接する「よむ・きく・やすむへや」についても、どんな時に使うのか、使いたい時はどうすればよいかを説明した。また、カウンターでは、本の借り方や返し方、困ったことがあった時はどうすればいいかなどを、LL版図書館利用案内を拡大したもの（1ページA3サイズ）を見せながら説明した。通常サイズのものは施設職員の方にお渡しし、施設で配布していただくことにした。

　自由閲覧の時間は、各々好きな場所で新聞や雑誌、絵本などを読んでもらった。おはなし会と案内の際に紹介した資料を見てくださる方がいたので、興味をもっていただけたようである。

評価

当事者、施設からの感想・意見

　後日、施設の方へ体験ツアーについてのアンケートをお願いした。表にまとめている。

自由閲覧の時間，さわる絵本を一緒に読んでいる様子

図書館員の評価

　マルチメディアDAISYや絵本は赤ちゃん絵本から選んだため，やさしすぎるだろうかと思っていたところもあったのだが，クイズに答えたり，体を動かしたりする要素を楽しんでいただけたところは，図書館スタッフのねらいどおりで一安心であった。

　ただ，LLブックについて少し難しいとの感想をいただいたことには驚いた。コントのオチの部分で笑い声が聞こえていたので，理解していた方もいらっしゃったかと思うが，施設職員から見てわかりづらい方もいたという点は，反省点として今後に活かしていきたいと思った。確かに，本自体に文章でのストーリーがなかったので，写真を見ながら台本をつくっておはなしをするのに難しさがあった。今後は写真に合わせてどのようにストーリーを話していけばよいか，考えていきたい。

　今回の体験ツアーは施設職員にとっても当館にとっても初めてのことだったため，お試しとして1時間でプログラムを組んでいたが，全体的に時間が短いとの感想をいただいた。次回開催の希望もあるので，その時は今回のアンケートをもとに，体験ツアー全体の実施時間や各プログラムの時間配分・内容を調整していく必要を感じた。

成果と課題

　当館としては，これまで施設との直接的な関係がなかったところに，今回の体験ツアーによって，当事者や施設職員との交流の機会を持つことができたのは大きな成果であった。これを機に，「読書サポートのステップアップ講座」（2019年2月8

施設職員への体験ツアーアンケート

1．おはなし会のプログラムはいかがでしたか？ それぞれのおはなしについて感想をご記入ください。

［回答］
マルチメディアDAISY『うしろにいるのだあれ』：利用者の方々が知っている動物が出てくる事もありました。想像力も養われ楽しく聞けた。
LLブック『わたしのかぞく』：人物画や家族からの想像力は少し難しそうな感じが見受けられた。
絵本『おめんです』：考える問題形式である事もあり，答えが色々と出て楽しかった。
絵本『パンダなりきりたいそう』：絵本に見本もあり，楽しく自分なりの体の動かし方ができていた。

2．おはなし会の時間の長さはいかがでしたか？（「短い・ちょうど良い・長い」の3択）

［回答］短い

3．館内見学はいかがでしたか？ 感想をご記入ください。

［回答］普段図書館を利用しているが，他の利用されている方に気を使うことが正直あった。また，一定の場所しか，利用していなかったが色々な本がある所を案内していただき，利用の幅が増える。

4．館内見学の時間の長さはいかがでしたか？（「短い・ちょうど良い・長い」の3択）

［回答］みじかい

5．自由時間はいかがでしたか？ 感想をご記入ください。

［回答］記入無し

6．自由時間の時間の長さはいかがでしたか？（「短い・ちょうど良い・長い」の3択）

［回答］短い

7．また図書館に来てみたいと思いましたか？（「来たいと思った・どちらともいえない・来たいと思わなかった」の3択）

［回答］来たいと思った

8．今回のツアーのように，休館日でのおはなし会や自由時間を含んだ利用をご希望ですか？（「希望する・希望しない」の2択）

［回答］希望する

9．図書館にあったらいいなと思う本，読みたい本，ジャンル等がありましたらご記入ください。

［回答］今回，お話ししていただいたような問題形式の絵本や紙芝居などを機会があれば是非聞かせていただきたい。

10．おはなし会で聞きたい本，ジャンル等がありましたらご記入ください。

［回答］記入なし

日 於：桜井市立図書館）での実習にご協力いただくことが決まり，また，講座を経てボランティアとしての活動を希望される方の活動の場になっていただけるよう，現在調整しているところである。

　また今後の課題は，継続して体験ツアーを行うこと，参加していただける施設を増やしていくことの2点である。

　開館日では周囲を気にして図書館を使いづらいと感じる方もいらっしゃるが，休館日を利用した体験ツアーであれば，気兼ねなく図書館でゆっくり楽しむことができる。「よむ・きく・やすむへや」もあるので，もちろん開館日でも気兼ねなく過ごしていただけるのだが，まずは体験ツアーによって「図書館に来ることが楽しい！」と感じていただけるよう，プログラム等のサービスの向上も図っていきたい。そして，市内にある他の施設にも広く興味を持っていただけるよう，PRにも力を注いでいきたい。

全体のまとめ

　3館ともに初めての取り組みであったため，体験ツアーへの参加に協力できる事業所を見つけることが，大きな課題であった。体験ツアーの目的の理解と実施のための打ち合わせ，事業所のスケジュールとのすり合わせ，当日付き添う職員や移動手段の確保等，事業所側も条件を整える必要があるため，実施にあたって図書館側の姿勢が問われる取り組みであったといえる。そして，地域の事業所と連携して体験ツアーを実施できたことは，図書館側の目的意識が明確で実施体制が整っていたことを示したと考えられる。

　終了後の当事者と事業所（作業所と施設を含む）の職員の感想・意見は，いずれも好評といえるものであった。当事者からは「楽しかった」「読み聞かせが良かった，またやって欲しい」「図書館の中を自由に見られて嬉しかった」等の感想が，付き添われた職員からは「ゆったり見ることができてよかった，有意義な時間をすごせた」「よく見ていた」「楽しまれていた」という当事者の様子を見ての感想があった。また，マルチメディアDAISYやLLブック，さわる絵本に関心をもつ当事者が多かったことから，新しい資料を紹介したことも喜ばれた。そして，ツアーにまた来たいという希望もあった。このような評価を得たことは，知的障害者の図書館の楽しさや本への関心を高めるという目的を，体験ツアーによって果たすことができたものと考えられる。

　図書館員が事業所と事前に細やかな打ち合わせを行い，参加者の障害の種類や程度，年齢，人数等に合わせて資料の種類や内容，紹介のしかた，配分時間，準備す

る設備や支援具について配慮したことが，成果につながっていると考える。読み聞かせや図書館の説明等を行う場面と，休館日を利用した自由閲覧の場面の組み合わせが，図書館の楽しさを感じさせたのではないだろうか。事業所の職員にも，日々の生活だけではわからなかった利用者の本への興味と，彼らが楽しめるさまざまな資料を知る機会を提供した。さらに，実際に知的障害の人たちと図書館員が関わることにより，彼らへの理解や対応のしかたを体験的に知る機会にもなった。このような経験は，これからの障害者サービスに活かされていくことだろう。

3館に共通する今後の課題は，継続することと参加する事業所の数を増やすことである。開催経験により得られたノウハウをもとに課題を乗り越え，さらに全国の図書館を先導していく役目を果たされることを期待している。

なお，体験ツアーの様子は，実際の写真を参考に描かれたマンガ（資料編1）を参照していただきたい。

2．アウトリーチサービス

目的

図書館員が直接事業所を訪問して本を貸し出し，利用者に本やマルチメディアDAISYを実際に見せて紹介することにより，さまざまな本やマルチメディアDAISYへの興味と，それを読む，見ることへの意欲関心を高めていく。さらに，図書館への来館にもつなげていくことを目的とする。

河内長野市立図書館

方法

訪問先は約75名の知的障害者が通う社会福祉法人聖徳園ワークメイト聖徳園。図書館から歩いて30分余りのところにあり，常連利用者も多い。当初，各自に利用者カードをつくってもらい，個人貸出をする前提で話を進めていたが，施設職員より「自宅には持ち帰らず施設内で利用する団体貸出を利用したい」との申し出があったため，パック貸出（図書館員が施設の希望を聞きながら任意に選んだ図書を貸出・配送し，2カ月単位で入れ替える）に変更し，そのなかで図書館員の訪問を受け入れてもらうこととなった。

2017年度には2度の訪問を行った。1度目は2017年8月3日（木），2度目は約3週間後の8月23日（水），いずれも15時の休憩前の時間，14時30分から30分

興味をひきそうな本の紹介をする

わかりやすい利用案内を使って図書館を紹介する

くらい滞在した。

1度目には,「わかりやすい本のコーナー」に置く候補本や,事前に施設職員から通所者に人気だと聞いていた乗り物（特に鉄道関係）の本や旅行ガイド,生き物の写真集などを持参して何冊か表紙を見せながら紹介した。また,「わかりやすい利用案内」のページの一部をA3サイズに印刷して,紙芝居風に見せながら「ぜひ図書館までお越しください」と利用のPRを行った。

2度目には,スクリーンとパソコンを持ち込み,施設のスピーカーを借りて,マルチメディアDAISYを上映した。鉄道好きの方が多いことから,「タカとハルの江ノ島のたび：小田急ロマンスカーにのって」(『わいわい文庫 Ver. BLUE 2014』)とした。

2018年度は9月6日（木）に訪問して14時20分から30分くらい滞在し,マルチメディアDAISYの上映と好きな本についてのアンケートを行った。前回と同じくスクリーンとパソコンを持ち込み,最初にマルチメディアDAISY「てんてん！」(『わいわい文庫 Ver. BLUE 2014』)の上映,その後に好きな本に関するアンケート,最後に再度マルチメディアDAISY「まさか！」(『わいわい文庫 Ver. BLUE 2014』)を上映した。

評価

1度目の訪問時は,予想以上の歓迎を受け,「図書館をよく利用する方」に挙手を求めたところ10名余りの手が挙がった。前に立って見せたA3サイズの利用案内は約75名が見るには小さすぎたが,そこに視線を集めることには役立ったようだ。解散後,数名がさっそく本を見に来た。『赤毛のアン』（徳間アニメ絵本,1996）を手に取って「これ読もう」と嬉しそうにされる方,鉄道の本をめくる方,「パンダ好き。かわいい」と写真集を眺める方など。施設職員は「○○さんがパン

ダそんなに好きやとは知らんかったわ」と，通所者の普段は目にしない一面を知るきっかけにもなったようだ。

2度目の訪問でマルチメディア DAISY を上映した際には，少し長かったため，退屈した様子もうかがえたが，「おもしろかったですか？」と尋ねたところ「おもしろかった」との返答。終了後，「（登場人物が唐揚げ好きとの紹介が最初にあり，のちに弁当を食べるシーンで唐揚げが入っていることがわかるのだが）唐揚げが入っててよかった」と感想を言いに来てくれた方もいて，鉄道ファン以外の方にも楽しんでいただけたようだ。後方で見ていた施設職員によると約4割が食いつくように見ており，残りの6割は自分には簡単すぎると感じて退屈されていた，あるいは逆に少し難しいと感じていたようだったとのこと。

3度目の訪問時，最初に上映した「てんてん！」は，どのスポーツに使うボールかを当てる内容で，3割くらいの方が口々に「サッカー！」「卓球！」と声に出して楽しんでいた様子。

残りの方もしっかり画面を見ていたようだ。最後に上映した「まさか！」は，さかさまにひっくり返ったシルエットから虫の名前を当てる内容で，これも口々に名前を当てて楽しむ方がいる一方で少し子どもっぽいという感想を口に出す方もいた。

2017年8月から，2カ月に1回のペースでパック貸出を行ってきたが，施設ではその本を本棚とソファのある休憩コーナーに置いている。それらの本のうち，どのジャンルの本をいつも好んで手に取って読んでいるか，面白いと思うものはどれかを聞き，手を挙げてもらった。結果は表のとおりである。一番多く手が挙がったのは鉄道・電車を始めとする乗り物の本で，芸能人の出てくる雑誌，物語・読み物がそれに続いた。

マルチメディア DAISY「タカとハルの江ノ島のたび」（左）と「てんてん」（右）の視聴

(団体貸出の本のうち)好きな本の調査

ジャンル	挙手の数	個別の意見
サッカーの本,雑誌(例:サッカーマガジン)	3	—
野球の本,雑誌(例:週刊ベースボール)	3	阪神,日本ハム,ヤクルト,松井選手が好き
芸能人の出てくる本,雑誌(例:日経エンタテイメント!)	6	AKB が好き
鉄道・電車の本,雑誌(例:旅と鉄道)	8	SL,新幹線,自動車,バス,オープンカー,消防車,救急車,パトカー,飛行機,オートバイ,時刻表
旅の本,雑誌,旅行ガイド(例:Kansai Walker)	5	—
世界遺産・風景の写真集	1	—
生き物の写真集	5	—
物語・読みもの	6	—
その他 どんなものが好きか		ファッション・服

＊調査日は 2018 年 9 月 6 日,約 75 名が通所する施設にて

成果と課題

まず,福祉施設に定期的な訪問を受け入れてもらえたこと,そのことを通じて知的障害者と直接つながりをもてたことを成果としたい。知的障害者の生活の場に直接本を持ちこむことで,今まで図書館に来られていない方にも本を届けることができたこと,また本を手に取る様子を図書館員が目にして,どんな本が喜ばれているかを知ることができたことが大きな成果だった。また,マルチメディア DAISY を実際に鑑賞する様子を目にできたこともとても参考になった。

また,施設職員がその様子を目にすることで,通所者の普段とは違う一面を知る一助となったこともひとつの成果としたい。

気になったのは,この施設では,好きな本を聞くアンケートに対して積極的に手を挙げた方が 3 割くらいに限られたことだ。施設職員によると,手を挙げない方は,性格的に大人しい方,精神年齢が高く手を挙げることを恥ずかしいと感じている方,耳の聞こえない方などだということだった。しかし,手を挙げない方も含め,施設では休憩時間には毎日誰かしらが本を手に取っていて,先の表に挙げたジャンルの本はそれぞれ人気があるとのことだった。あまり手を挙げない方の好みをどうやって汲み取るかが今後の課題となる。

また,上映したマルチメディア DAISY を,少し「子どもっぽい」と感じた方が

いたことも気になった。通所者の障害にも幅があり，全員が楽しめるタイトルを選ぶのは難しいとはいえ，次回の訪問時には今回「子どもっぽい」と感じた方にも面白がってもらえるマルチメディアDAISYのタイトルを選ぶことも課題となる。

吹田市立中央図書館

方法

2003年10月より「吹田市立障害者支援交流センター　あいほうぷ吹田」に自動車文庫で巡回し，貸出を行っている。先立って1998年より，市内の老人福祉施設への団体貸出を開始しており，巡回先を広げるなかで市立の障害者施設も対象にした。

あいほうぷ吹田は，重度障害者の自立と社会参加を支援し，福祉ボランティア団体の活動や市民相互の交流となる施設として2001年に開所した，生活介護施設・短期入所施設である。

月に一度，施設の玄関前に自動車文庫のバスを駐車し，巡回時間の30分間，自由に見て選んでもらっている。バスの車内には，一般市民を対象とした巡回先と同様の資料，一般書・児童書・紙芝居・雑誌を積み込んでいる。貸出と返却の手続きは，施設内（玄関を入ってすぐの場所）に用意された長机で行う。当初は，施設に対して1枚の借出カードを発行して貸出を行っていたが，2011年5月より，施設の生活班ごとに借出カードを発行して貸出を行っている。

到着すると，事務所の職員が放送で自動車文庫が来たことを施設内へ知らせる。しばらくすると，班ごとに次々と，班のメンバー数名と職員が一緒に来る。班のメンバーから好みの本を聞き取ってきているらしき会話をしながら本を選んでいる方もいる。バスへの昇り降りがステップでは難しい方には，バス備え付けの昇降機を利用してもらっている。返却時や貸出時には班の名称を聞き，図書館側で保管している各班の借出カードで手続きをする。6つある班の内，希望があった4つの班に対しては毎月，図書館の職員が選んだ大型絵本1冊を予約本として持っていき，貸出している。

評価

毎月平均55冊（2018年4月〜11月の平均値）の貸出があり，好評である。

貸出後について，2017年に聞き取りをしたところ，とある班では，借りた本を班の部屋に置いておき，班のメンバーが読めるようにしているそうだ。

成果と課題

　毎月訪問することで，本に親しむ機会を定期的に提供しており，一定の成果はあるものと考える。今後，LL ブック等のやさしく読める本も持っていき，箱にまとめて置いたり，ピックアップして表紙を見せて置いたり，実物を紹介することで貸出につなげたい。また，時間と場所の調整が可能ならば，読み聞かせなども行っていきたい。

全体のまとめ

　河内長野市立図書館は，本の紹介や資料の視聴の機会を積極的に設けて貸出を行い，吹田市立中央図書館では，毎月1回の自動車文庫による訪問貸出を15年間継続してきたことが報告されている。このサービスによって，図書館に来たくても来られなかった人にも，さまざまな本やマルチメディア DAISY を知る機会を提供し，読書への関心を育んできたことがわかる。視覚障害者のように，自分で読みたい本を探し，図書館から取り寄せるサービスを使用することは，知的障害者には難しい。目の前に実物がなければ読みたい本を選ぶことができない人がほとんどである。そのような障害特性を考えると，目の前に本を運んできてくれるアウトリーチサービスは，彼らが他の人たちと平等に図書館資料を利用するための必須のサービスだといえる。また，図書館員は，知的障害者と直接関わり，彼らが好む本を知ることによって，資料の選択をしやすくなり，わかりやすく紹介する方法を体感的に身につけることができる。知的障害者への読書支援には，継続したアウトリーチサービスが必要であることを，2館の報告は示している。

　アウトリーチサービスの必要性をわかりやすくマンガで表現し，資料編1に掲載した。参考になれば幸いである。

3．障害者雇用

桜井市立図書館

経緯

　2016年度当初に県立高等養護学校（進路指導部）より就労支援の協力依頼があり，加えて指定管理者（（株）図書館流通センター）として図書館現場への障害者

雇用を推奨していることもあり，卒業後の採用を想定して取り組むことになった。当事者は知的障害中度（療育手帳B2）の生徒（3年生）である。

採用

　高等養護学校在学中に個別体験実習生として受入れし，仕事内容や職場環境との適正を判断することにした。受入れは，2016年7月（1週間）10月（2週間）2017年2月（2週間）の3回に分けて行い，いろいろな仕事を体験してもらうなかで適正（できることとできないこと，得意なことと苦手なこと）を判断するとともに，通勤や勤務時間に慣れてもらうようにした。図書館としても初めての受入れということで手探りではあったが，当事者との日々のコミュニケーションと，保護者を交えての定期的な面談を重ねることで，職場に馴染んでもらえるようにした。

　実習期間中は皆勤で勤務態度や図書館スタッフとの関係も良好であったことから，卒業後の2017年4月1日付で本採用とした。勤務体系（シフト）は1日6時間の週5日勤務。

採用後

　採用後の新人研修は，この年の関西圏の指定管理館での障害者雇用者3名（桜井市以外に大東市と摂津市の図書館で採用）合同の集合研修（1日）を行い，一般の採用者とは別プログラムで実施した。内容は「1. 社会人になって，2. 働くことについて，3. 図書館で働くにあたって」の3コマで，障害者雇用の先行図書館の館長が講師を担当した。

仕事内容とフォローの態勢

　仕事内容は，不特定多数の来館者と接する窓口業務は難しいため，返却ポストの本の返却，利用案内や図書館だより等の配布物の印刷や簡易製本，汚破損本の簡易修理，日々の新聞の受入整理，イベントポスターの作成などのバックヤード業務が中心である。丁寧で正確な仕事内容で貴重な戦力となっている。就業後のフォロー体制は，館長および責任者が定期的な面談を行うとともに，外部の障害者就業生活支援センターの就業生活支援員が月1回程度の職場訪問面談でサポートを行っている。

■注・引用参考文献
1：国立国会図書館関西館図書館協力課編『公共図書館における障害者サービスに関する研究』（図書館調査研究リポート17）国立国会図書館, 2018.

2：「LLブックリスト」は近畿視覚障害者情報サービス研究協議会のウェブサイト（http://www.lnetk.jp/）に掲載されている。
3：「LLブック・マルチメディアDAISY図書リスト」藤澤和子・服部敦司編著『LLブックを届ける：やさしく読める本を知的障害・自閉症のある読者へ』読書工房，2009，pp.304-323.
4：服部敦司「図書館の障害者サービスの歴史からみる展望」藤澤和子・服部敦司編著『LLブックを届ける：やさしく読める本を知的障害・自閉症のある読者へ』読書工房，2009，p.116.
5：藤澤和子・河西聖子「知的障害者の図書館利用を進めるためのLL（やさしく読める）図書館利用案内」『図書館界』64(4)，2012，pp.268-276.

6章

知的障害者支援のための読書サポート講座

1節　目的・方法（運営・広報）

1．目的

　当事者の図書館へのニーズ調査の結果から，わかりやすい資料へのニーズが全回答件数の約3割，図書館利用について人の支援を求める回答が約3割，他にも「読んでほしい」「わかるように書きなおしてほしい」「デイセンターや仕事をする場所で公共図書館の本を借りたい」という要求があることが明らかになった。

　一方で，図書館員からは，一般的な話しかけや関わりが理解しにくい知的障害者へどのようなサービスや対応をすればいいのかわかりにくいという意見（表6-3）があり，当事者の要求を叶えるためには，図書館員をはじめ読書支援のできるさまざまな人たちが具体的な支援の内容と方法を学ぶ必要があると考えられた。そこで，図書館員や関係ボランティア，教育関係者，福祉関係者等が，知的障害者の障害特性や対応方法，わかりやすい資料について知り，そのうえで「読みきかせ」「代読」等の実践方法を学ぶことができる講座を実施した。視覚障害者や子ども，高齢者への読み聞かせの講座などは，多くの図書館で実施されているが，知的障害者を取り上げたのはおそらく初めての試みであろう。

　6講座を3日に分けた連続講座として，大阪北部，大阪南部，奈良，東京の4地区で開催し，図書館，福祉施設や事業所，学校，さらに一般市民に広く参加を呼びかけた。

2．公共図書館による運営

　講座の主催は，科学研究費助成事業「公共図書館における知的障害者への合理的配慮のあり方に関する研究」研究委員会，共催は大阪北部の吹田市立中央図書館，大阪南部の河内長野市立図書館，奈良の桜井市立図書館と生駒市図書館（2館で分

担），東京の調布市立図書館であった。

運営や広報については，講座の講師を務める研究委員会メンバーと5館で相談のうえ，実施した。

図書館には，会場の確保と設営，必要機器の準備，広報および受講申込受付事務，配布資料の印刷，当日の受付事務・講師対応・司会進行・アンケート調査の実施をお願いした。また，講師謝礼金・旅費は，科学研究費から支出した。

参加対象者を広く募るため，開催図書館のウェブサイトへの掲載，チラシとポスターの郵送と持参，メールの方法で，市役所の障害福祉課，市内のガイドヘルパーや福祉サービス事業所，生涯学習センター，社会福祉協議会ボランティアセンター，ボランティア協会とグループ（音訳，点訳，さわる絵本製作），開催館の地域の小中学校の支援学級，特別支援学校，府内や県内，市町村立の公共図書館，日本図書館協会等，多方面に広報した。

講座は，1講座90分で2講座ずつを3日に分け，同じ曜日の3週連続で開催した。定員は各日30名（奈良会場1日目は60名，東京会場1日目は40名），参加費は無料として，来館・電話・メール・FAXで申し込みを受け付けた。6講座連続参加が望ましいため，連続参加者には，読書サポート講座の全課程を修了したことを証明する「修了証書」を渡した。

講座の会場と日程は次のとおりであった。

奈良会場　　　2017/9/22（生駒市），9/29，10/6（桜井市）
大阪北部会場　10/6，10/20，10/27（吹田市）
大阪南部会場　11/10，11/17，11/24（河内長野市）
東京会場　　　2018/1/11，1/25，2/8（調布市）

2節　講座内容

1．講座の構成と概要

初めての試みだったため，どのような人たちが受講を希望するかをはっきりとは絞れなかったが，知的障害の障害特性や対応方法等について基礎的知識を学びたい人，実際に知的障害者に関わる仕事やサービスをする人，知的障害者への読書支援をしている人，あるいは，したいと思っている人等と想定し，幅広いニーズに応えられる内容の講座とした。基礎的な知識を提供する基礎編（1・2・3講義）と，知

的障害者の読書支援を実際に行うための方法と技能を学習する実習付き実践編（4・5・6講義）で構成した。6講座の一覧を表6-1に示す。

表6-1　知的障害者支援のための読書サポート講座の講座名と講師

	講座名	講師
基礎編	1. 図書館の障害者サービスと知的障害者	野口武悟（専修大学文学部教授）
	2. 知的障害者にとってわかりやすい本と視聴覚資料	藤澤和子（大和大学保健医療学部教授） 野村美佐子（日本障害者リハビリテーション協会参与）
	3. 知的障害者との関わり方	小尾隆一（社会福祉法人大阪手をつなぐ育成会常務理事） 打浪文子（淑徳大学短期大学部准教授）
実践編	4. 知的障害者への本の紹介と読み聞かせ（実習付）	山内薫（元墨田区立ひきふね図書館司書）
	5. 知的障害者への代読の方法　その1（実習付）	吉田くすほみ（大阪特別支援教育振興会，言語聴覚士）
	6. 知的障害者への代読の方法　その2（実習付）	

＊2名の講師が記入された講座は，日によって分担した。

各講座の要点を講座のレジメから紹介する（各講師作成の配布用レジメより一部引用）。

講座1「図書館の障害者サービスと知的障害者」
　障害者差別解消法と図書館，図書館における「障害者サービス」の歴史と現在，知的障害者の図書館利用の現状とニーズ，知的障害者が利用しやすい図書館をめざして取り組むべき基礎的環境整備と合理的配慮

講座2「知的障害者にとってわかりやすい本と視聴覚資料」
　知的障害者の障害特性と読書の問題，当事者の読書の実態と資料へのニーズ，わかりやすい本と視聴覚資料の特徴，LLブック・マルチメディアDAISYとは，資料提供の工夫，「図書館等のためのわかりやすい資料提供ガイドライン」（2017）について

講座3「知的障害者との関わり方」

知的障害とは何か（法的定義・手帳認定基準・知的障害の多様性），知的障害者への支援のポイント（一般的なニーズ・一人ひとりに対する適切な支援・苦手なこと・支援の基本となる考え方），具体的な支援のあり方（コミュニケーションのとり方・特徴ある行動への支援・意思表示のためのツール・環境調整・視覚的支援），図書館における支援（合理的配慮・活用できる資料）

講座4「知的障害者への本の紹介と読み聞かせ（実習付）」
読み聞かせとマルチメディアDAISY図書など読みやすい資料を提供した事例紹介，知的障害者へのブックトークの方法，参加者の読み聞かせの実習

講座5・6「知的障害者への代読の方法（実習付）」
知的障害者の読書の問題と文字言語による情報保障の現状，代読の方法（代読環境や時間なども含めて）と注意点，代読の事例紹介，参加者の代読の実習

ただし，調布市立図書館では，「知的障害者への代読の方法」が1講義，「知的障害者への本の紹介と読み聞かせ（実習付）」が2講義分の配当となったため当事者参加の代読実習はなかった。

2．演習やワークを行った3講座の内容

本講座の特徴は，知的障害者の読書支援について基礎から実習まで学べることである。講座1と2で，図書館における知的障害者へのサービスと読書するためのわかりやすい本や視聴覚資料を講義で学んだ後で，講座3・4・5・6の知的障害者への支援のあり方や方法を講義と合わせたワークと実習で学習することができる。ここでは，受講者が実際に実習体験を通じて学ぶ3つの講座について，内容の詳細を紹介する。なお，講座1については1章3節，講座2については4章1節の内容を含んでいるので，参照していただきたい。

（1）講座3「知的障害のある方との関わり方」

本講座は，知的障害者の特性を理解し関わるための要点について学ぶものである。特に，普段の日常生活の中で知的障害者との接点が少ないということを念頭に置き，図書館でのコミュニケーションを想定した知的障害者との関わりについて，支援の理念の理解から具体的なあり方まで，コミュニケーションワークを組み込んだ講座を行った。具体的には①知的障害とは何か，②知的障害のある人への支援の

ポイント，③知的障害のある人への具体的な支援のあり方，④図書館における支援：合理的配慮の4項目で講座を構成した。以下でそれぞれについて述べる。

1）知的障害とは何か

　講座の受講生に対し，知的障害に関する質問（主として社会的通念としての知的障害者像を覆すような内容。例えば，大学に通う知的障害者がいる等）を数点使って講座の導入を行い，その後，知的障害に関する知見を述べた。

　厚生労働省の知的障害の定義を述べる一方で，講義では知的障害者福祉法も同時に取り上げ，日本国内では知的障害の法的な定義がないこと，その理由は知的障害が非常に多様であることを主として伝えた（表6-2）。これは，図書館という場での支援を考える際に，一人ひとりの状態や特徴，程度は多岐にわたって異なっており，それぞれに合わせた支援が必要であることを理解してもらうためである。さらに，知的障害の程度「重度」「中度」「軽度」を具体的な形で受講者に理解してもらうために，重度は「実物がないと話がわからない・身体言語は理解できる（歯磨きなど）・写真や話し言葉が理解できる」，中度は「いろいろな単語が見分けられる・明日や昨日などの時間がわかる・何かを覚える時には試してみる」，軽度は「読み書き計算ができるが，複雑な計算やお金の計算は苦手・計画が（時間の概念や見通しがある程度）わかる・比喩やことわざはよくわからない」といった特性を教授した。

表6-2　知的障害の多様性

- ことばを話せない（理解している場合もある）
- 物事の理解がうまくできない，時間がかかることがある
- 行動に特徴がある
- 自分の関心あることしか話さない
- 書くことや計算が苦手
- 計算や暗記は得意だが，コミュニケーションに独特さがあったり，こだわりがあったりする
- 特別な支援はなく，通常学級や一般企業に通っている

2）知的障害のある人への支援のポイント

　知的障害者の置かれている状況と，支援者との対等性をキーワードに，行動特性について説明し，一人ひとりに合った支援方法を行っていく必要性について述べた。特に，支援の際に気をつけるべきこととして，①当事者（本人）・家族の意思の尊重，②自立支援，③側面的な支援，④対等な立場からの支援，⑤秘密の厳守，

⑥相手をありのままに受け入れる態度(受容)の6点が重要であることを伝えた。

3) 知的障害のある人への具体的な支援のあり方

前述の支援のポイントを理解したうえで,実際にどのような方法を用いて支援を行うかについて教授した。

一人ひとりに合った支援を行う際には,対象者のことを知ろうとすることが大切である。障害特性によるおうむがえし(エコラリア)や,明確ではない返答もありうるため,丁寧なコミュニケーションと,話しやすい場面や環境づくりが肝要である。さらに,それでもうまくコミュニケーションがとれない場合は,「コミュニケーションボード」(絵文字・ピクトグラムなどのシンボルなどが描かれたもの)の指さしによるコミュニケーションや,絵カード・写真・パンフレット等の活用,筆談・ジェスチャー・人を介する等の利用者に合った方法を使うことが重要であることを伝えた。また,障害特性所以と思われる特徴ある行動には,原因と理由があることを合わせて教授した。要求を通そうとする意思,要求が通らないことへの反応,状況が理解できないための困惑や回避,周囲の無関心に対する反応,特別な感覚や状況へのこだわり等を理由とするパニックや問題行動(その場のルールと照らし合わせた時に問題とされてしまう行動)については,原因となることを避け,適切に対処する必要性を述べた。

さらに,実際に支援の必要性を実感してもらうため,コミュニケーションカード(「〇」「×」「!」「?」)を用いた指さしによるコミュニケーションのワークを行い,質問を YES/NO クエスチョンに変更して相手の意思を引き出す方法を実習した。

4) 図書館における支援:合理的配慮

本講座のまとめとして,図書館における支援を「合理的配慮」の観点から検討した。図書館における合理的配慮では,利用目的と意向に沿った適切な支援を提供する必要があるが,図書館員や図書館関係者として,対応に困る事態が多々推測される。

実際,本研究の代表研究者の事前の聞き取りにより,図書館からは,知的障害者に関する対応について,以下のような問題点が挙げられていた(表6-3)。

本講座のまとめとして,これらの対応を検討した。まず,利用できる「わかりやすい資料」の活用である。例えば近畿視覚障害者情報サービス研究協議会のLLブック特別研究グループが制作したLL版の図書館案内(図6-1)を用いて,利用者に図書館利用や図書館内で守るべきルールについて理解してもらい,利用者側の

表6-3　図書館が知的障害者への対応に苦慮した点

当事者（本人）への対応
- 自分の好きな本を他の書架にかくす。
- 本や新聞の折り込みチラシを持って帰る。
- 本人もダメとわかっていても（注意されるような行動を）やってしまう。
- 興味のあるものから離れない。
- 同じ本を何度も見せてほしいとレファレンスへ来る。
- かまってほしくて大きな声を出す。

周囲の理解に関すること
- 他の利用者が知的障害者をこわがる，うるさがる時の利用者への対応。理解をしてもらう方法。
- きちんとしないと気がすまない当事者が，子どもに注意してしまう。
- 挨拶したい当事者が，他の利用者にしつこく挨拶をする。

その他の対応
- 支援者関連：図書館員が当事者に静かにしてほしいと注意したら，つきそいの支援者に怒られた。
- 障害理解：知的障害の程度や個人差がわからないので，どこまで言えばいいのか。ふつうの人と同じように注意してもいいのか。

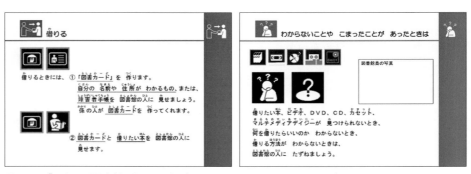

図6-1　『ようこそ図書館へ』ひな型　（http://www.lnetk.jp/ll_guide.htm）

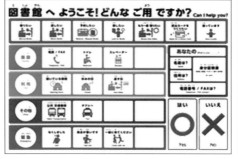

おもて　　　　　　　　　　　　うら

図6-2　岐阜県図書館コミュニケーションボード　（http://www.library.pref.gifu.lg.jp/gaiyo/dantai/kotokyo/communication/communication.html）

認識を変えることは有効な手段である。また，図書館の利用に関するツアーなどをひらいて，体験的な理解に結びつけることも重要である。さらに，必要に応じてコミュニケーションボード等（図6-2）を用いて意思確認を行うことや，視覚的支援も有効である。一方で，周囲の理解に関することは，図書館が公共施設であることを伝える啓発活動（ポスターの掲示等）が必要であることを受講者に伝えた。

（2）講座4　「知的障害者への本の紹介と読み聞かせ（実習付）」

本講義では，まず墨田区の図書館の実践を通して読み聞かせとブックトークの必要性を理解したうえでそれらの方法を学び，実習によって知的障害者への読み聞かせの方法を体得することを試みた。

1）読み聞かせとブックトークの必要性と方法：墨田区の図書館の実践を通して

地域にすべての人のための公的施設としてあることによって，知的障害などのある人たちに，読み書きの援助をはじめとしたさまざまな支援を行うことができる公共図書館の存在は，非常に意義深い。その図書館に足を運んでもらうための，図書館から施設等への働きかけは欠かせない。そのひとつとして，東京都墨田区の図書館では，60人規模の障害者施設に毎月1回出かけていき，資料の貸出や読み聞かせ，ブックトークなどを実施している。この取り組みでは，利用者が興味をもったり，貸出を希望したりするためにどのような本を持っていくかが問われる。また，本に興味を示さない方々を，読み聞かせやブックトークという手法を用いて読書へとつなげることも欠かせない。

まずこの点をおさえたうえで，出張貸出・読み聞かせ・ブックトークの具体的な方法を教授した。

出張貸出

施設に持っていく資料は，個人のリクエストのほかに話題書や，鉄道・動物・手芸や料理・旅行や遊園地のガイドブックなどの図書，芸能雑誌，CD，マンガなど（ジャンル別にまとめ，表紙が見えるように展示している）。CDについては，別予算で購入して施設貸出用としている。その理由としては一般への貸出期間は2週間であることに対して施設への貸出期間は1カ月であること，一般に所蔵を公開してしまうと予約が殺到して施設に持っていけなくなってしまうことを説明した。

施設には知的障害だけではなく，自閉的な方や発達障害と思われる方もいる。したがって，録音図書やマルチメディアDAISY図書なども含めて，さまざまな可能性を試みる必要があることを受講者に伝えた。特に，文字を読むことが困難であっても利用できるマルチメディアDAISY図書の可能性は大きいと思われるので，積

写真6-1　料理や韓国ドラマの雑誌を選ぶ
（墨田さんさんプラザにて）

極的に紹介したい。

読み聞かせ

　資料の貸出は昼休み1時間のうち30～40分で一段落するので，残りの時間を利用して紙芝居の上演や絵本の読み聞かせをする。パネルシアターやエプロンシアターなどを行うこともある。下記に列挙した方法と留意点を受講生に教授した。

- 場所を確保する。周囲の音が入らない部屋が望ましいが，コーナーなどの落ち着いて聞ける環境であればよい。
- 5～7分で読み終わる本を2冊程度，合計10～15分が適当である。
- 複数の人への読み聞かせでは，だれもが理解できる内容や難易度であるかに配慮し，なるべく多くの人から「面白かった」という感想をもらえる作品を選ぶ。
- 絵が大きく色づかいがはっきりしている，遠くからでもよく見えるものを選

写真6-2　1枚の紙を使った素話
（すみだふれあいセンターの食堂にて）

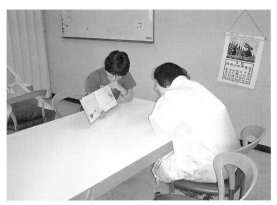

写真6-3 個人への絵本の読み聞かせ
(すみだふれあいセンター福祉作業所にて)

ぶ。特に紙芝居はとても有効である。まだ数は多くないが、行事用大型絵本もおすすめである。
・聞き手の顔を見ながら読む。そのためには半分暗記するくらい読み込んでおきたい。
・全員が見えるように絵本を持ち、死角をつくらない。
・聞き手に届くように大きなはっきりした声で読む。
・ページをめくる時には手が絵の邪魔をしないように注意する。
・必ずしも書かれている文章とそれに該当する絵のあるページは一致しないので、あらかじめよく読み、確認しておく。

ブックトーク（本の紹介）

通常のブックトークでもいえることだが、多くの人を対象にしたブックトークは難しい。読み聞かせのようにだれもが理解できるように難易度の低い本を選べば、

写真6-4 絵本を読む（墨田さんさんプラザにて）

写真6-5 本の紹介
(すみだふれあいセンター福祉作業所にて)

通常のブックトークを理解することができる軽度の方には物足りないものになってしまう。また、一人ひとり関心のありようや読書経験や能力が違うので、個人を対象として考えることが大切である。さらに、ただ本を渡すだけでは読書に結びつかないと思われる人に対しては、その本の一番興味を引く部分を読んだり、場合によっては時間をかけて1冊まるごと読んでしまったりと、紹介の仕方を柔軟に変えることの必要性を述べた。

　複数の人にブックトークを行う場合には、時間は10～15分で、紹介する本は3～5冊程度が望ましいこと（ブックトークになじみのない人を対象とする場合には1～2冊からでもよい）、テーマは特に決める必要はなく、読んでほしい・楽しんでほしい・きっと面白いはずという本を選ぶとよい。

　個人へのブックトークでは、その方の興味のある主題とその周辺の本を紹介できる。もし可能ならば、紹介する本を選ぶ際には図書館に来館していただき、館内を一緒に歩いて、その方の興味関心のある棚を案内するとよい。例えばテーマが「鉄道」だとすると、機械工学・産業や雑誌コーナー、子どもの本の部屋などの関連する本のある場所に足を運ぶ。そのうえで興味をもった本についてブックトークをしたり一緒に読んだりするとよい。知的障害者が興味をもちやすいことから（3章2節参照）、話題になっている映画やテレビに関連する本などは積極的に紹介したい。

2）実習
課題図書の読み聞かせ

　講座では2冊の本を課題図書とし、参加者には、事前に練習したうえで講義当日に皆の前で読む実技課題を課した。

①『どろんこハリー』(福音館書店，1964)

　この絵本の文章は5ページ目に初めて出てくる。そこには，表紙の絵を見せながら読む部分，見返しの絵を見せながら読む部分，見開きの標題紙の絵を見せながら読む部分，そして文のある5ページめの絵を見せながら読む部分がまとめて書かれている。つまり，文章と該当する絵のあるページが一致する訳ではないという好例である。実技では全員が文のある5ページめを見せながら読み始めたので，本来の望ましい読み方を指導した。

②『おこだでませんように』(小学館，2008)

　この絵本は主人公が知的障害であること，関西弁で文が書かれていること（講座の開催が関西であったため），行事用大型絵本があり，それを使って読むことができることなどの理由から選択した。また，盲特別支援学校の図書館で作成された拡大写本版や，やさしく書きなおしたリライト版もあり，さまざまな読者を想定した複数の版を見てもらうことができた。

参加者による自由選択の本の読み聞かせ

　実技の後半は，「知的障害の方に読む，あるいは紹介することを前提に，本を1冊選んでお持ちください。絵本や紙芝居，雑誌・図鑑等々。あるいは出版されているLLブックでも構いません。その本を持ち時間およそ5分で読むか紹介するかしていただきます。5分を超過するものについては，それ以下は省略ということでも結構です」という課題を課した。数人を指名し，実技を行い，本の持ち方やページのめくり方などに関して指導した。

(3) 講座5・6「代読の方法」

1) 知的障害者の読書の課題

　公共図書館で個別に図書館資料を読んでもらうサービスというと，視覚障害者への対面朗読が以前より実施されている。例えば，大阪市立中央図書館では障がい者サービスとして，視覚障害者に1コマ2時間，2コマ以上の朗読（ただし，1コマずつ読み手は代わる）を，事前申し込みを前提に行っている。このように視覚障害者へのサービスは行き届いているが，知的障害者への「図書館資料等の代読サービス」は不十分である。

　知的障害者の読書の問題としては，文字が読めない人，読めても内容の理解が難しい人，想像したり考えたりすることが難しい人，集中時間が短い人，興味が拡がりにくい人が多い等が考えられる。

　また知的障害者の読書や文字言語による情報の獲得の現状としては，読める（見る）本が限られている，生活年齢に応じた興味ある本は読めないことが多い，必要

な情報をわかる形で得ることは難しいなどまだ多くの問題がある。

　知的障害者の読書環境は，学校教育を離れた成人後は貧しくなってしまう状況にある。幼児期や学童期に親から読み聞かせをしてもらっていた人も，成人期になると親による読み聞かせは希望しなくなる。また読書は，本と自分との内的な対話である。知的発達年齢は低くとも，経験を重ねた生活年齢は高くなっているので，成人後には，個人の興味や自発性を重視した方が望ましいと考える。

　知的障害者への読書を楽しむ権利保障や情報保障に取り組んできたスウェーデンでは，LLブックは出版されていても知的障害者に届かないという問題が起き，1994年，地方自治体，図書館，成人教育の団体や特別支援学校などのメンバーによるワーキンググループを結成し，本格的な朗読代理人制度を導入して今に至っている。

2）講座の内容とスケジュール

　本講座では，代読の意義やその方法を講義し，講師が実際に代読しているDVDを見せた。その後3名の当事者に図書館に来てもらい，当事者1名と参加者数名で1グループをつくり，合計3グループで実習を行った。1時間の実習時間は休憩をはさみ30分ずつにして，参加者全員が当事者に代読をした。実習終了後には30分間グループ別に実習で経験したことについて討議し，各グループごとに話し合ったことを全員の前で発表し，質疑応答も行った。グループ討議に際しては，初めに司会・記録・発表者を決めておいた。

　「読書を，読み手も聞き手も，一緒に楽しむ。そして，また図書館に来て，読んでもらいたいな，という気持ちを持って帰るように」というスライドを最後に，講座を終了した。

3）代読とは

　講義の中で強調したことは，知的障害者への「読み聞かせ」と「代読」の違いである。作業所や入所施設では，余暇の一つとして読み聞かせをしているところがある。その場合，読む本は読み手が選び，当事者が選ぶのではない。代読は，当事者が読みたい本を選択し，決定する。講座でも当事者は読んでもらいたいと思った本を持参した。なかには，図書館に来てから自分で選んだ人もいる。複数の人への読み聞かせとの違いは，読み手（代読者）と聞き手（当事者）は1対1であるということ，視覚障害者への対面朗読との違いは，向かい合うのではなく横並びに座るということである。代読者は初めて出会う本を初めて出会う人に読むことになる。ここが代読者にとっては難しいところである。

代読時の方法として，①代読者が気をつけること，②代読する場所，③代読時間を説明した。
　①代読者が気をつけること
・横並びに座るにあたって，左右どちらの席がよいかを尋ねてから着席する。
・わからない時はいつでも，当事者は代読者に尋ねてよいことを伝える。
・ゆっくり読む。標準語でなくともよい。感情移入して読んでもよい。
・当事者が文字を読み取りやすい工夫をする。読んでいる行がわかりやすいようにリーディングトラッカーを使ったり厚紙を当てたりする。
・当事者の反応を見ながら読む。
・時々本から目を上げて，アイコンタクトをとる。当事者によってはそれを不快に感じる人もいるので，その場合は配慮がいる。
・難しいと思われるところには説明を加える。代読者が読めない漢字が出てきた時はごまかさないことが大事。一緒に辞書で調べる行為も当事者にとっては新しい体験となる。
・「わかった？」などの不要な質問はしない。
　②代読する場所
・まわりからの雑音が入らない静かな部屋。代読者も当事者も集中しやすい。
・できれば貼り紙などのない壁に向かって，代読者と当事者が並んで座る。
　③代読時間
　実際に代読する時間は約15分。当事者と一緒に本を探したり，読むところを決めたりする時間を含めて，図書館で当事者に対応する予約時間は，約30分とする。このことは原則であり，知的障害の程度はさまざまなので，個々に対応するとよい。

4）受講者と当事者，施設職員の講座への感想

当日講座後の感想を以下に抜粋し，そのまま紹介する。
　①受講者の感想
・関心のなかった，気にもしなかった世界を理解する事，知る事ができた。
・実技をさせて頂き，考えることよりもよりよく分かった。
・代読のめざすものは「読書を楽しむ権利の保障」だとわかった。
・映像もあり，代読の雰囲気がよくわかった。知的障がいのある方へ実践させていただき，新しい発見もあった。機会があればやってみようと思った。
・楽しかった。

②実習に協力してくれた当事者の感想
・話がいっぱいできて良かった。
・絵本を読んでもらったのが良かった。
・今度はいつ？
③引率の作業所職員の感想
・利用者が「うん，うん」とうなずきながら聞いたり，自分の思いを伝えたりする姿を見て，人との触れ合いがもて，温かみのある活動だなと思った。
・午前の仕事が終わった後なのに，みんな集中して聞いているのに驚いた。

5）まとめ

　視覚障害者と比べると，知的障害者の読書を楽しむ権利や情報保障の権利への要求は，当事者だけでなく保護者も，やや薄いように感じる。感想から，今回の実習によって，当事者も初めて代読をした受講者も，知的障害者への代読は意義あることと実感したことが読みとれる。

　今まで，知的障害者に関わることのなかった人でも，この講習会を受けることによって誰もが代読を知り，その良さを感じてもらえるように，講座を継続していきたいと考える。

3節　アンケート結果と考察

　各館で1日実施するごとに，全員に選択と自由記述様式を用いたアンケート調査を依頼し，4館分を集約した。複数日の参加者にも毎回記入を求めた。

1．参加者数

　4館の1～3回ののべ参加者数と，3回の講義を休まずに参加した人数を表6-4に示す。定員は，桜井・生駒の1回目は80名，調布の1回目は40名，他は30名で実施した。のべ参加者数は412名，3回連続参加者数は76名，定員を超えた回は12回中7回であった。

2．参加者の属性

　参加者の年齢（図6-3）は，20歳未満から80歳までと幅があった。記入者365

表6-4　4館の参加者数

会場（市）	1回	2回	3回	合計	3回連続参加者
桜井・生駒	61	42	29	132	20
吹田	37	30	24	91	17
河内長野	37	32	34	103	20
調布	31	31	24	86	19
合計	166	135	111	412	76

名のうち50歳代が109名（29.9 %）で最も多く，次に60歳代が95名（26.0 %）あり，合わせると全体の55.9 %を占めた。

参加者の職業・所属（図6-4）は，複数回答可で，ボランティア184名（37.6 %），図書館職員102名（21.9 %），障害者関係事業所55名（11.2 %），ガイドヘルパー25名（5.1 %），教職員23名（4.7 %），家族18名（3.7 %），学生1名（0.2 %）であった。その他76名（15.5 %）は，公務員，国際交流施設，児童養護施設，点字図書室NPO，心理相談員，主婦，博物館職員，大学教員，認知症サポーター，地域型保育事業施設巡回指導員等の多種にわたった。ボランティアと図書館

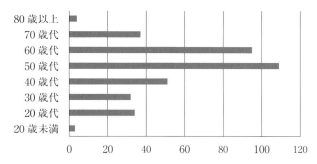

図6-3　参加者の年齢

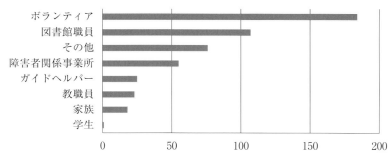

図6-4　職業・所属

職員で63％を占めるが，障害者に関わる事業所やガイドヘルパー等の福祉関係者や教員，その他の多種にわたる参加者があったことは，参加者を一般市民まで広げて募集し，さまざまな広報を行った成果だと考えられる。

ボランティアの種類（図6-5）は，複数回答可で，図書館98名（31.2％），小学校62名（19.7％），幼稚園保育所26名（8.3％），特別支援学校と高齢者事業所と障害者事業所は各12名（3.8％）で，図書館と小学校のボランティアが半数を占めた。その他のボランティア84名（26.8％）は，博物館，役所，民間企業，町内会等，多種にわたった。

知的障害者との関わりの経験（図6-6）は，ある人が255名（70.0％），ない人が111名（30.0％）だった。読み聞かせや代読をした対象（図6-7）は，複数回

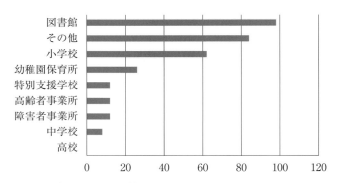

図6-5　ボランティアの種類

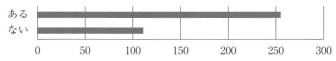

図6-6　知的障害者との関わり

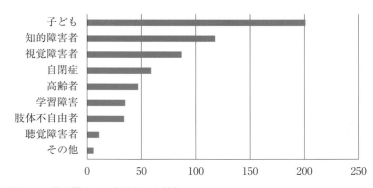

図6-7　読み聞かせや代読をした対象

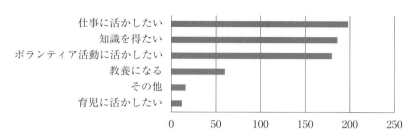

図6-8 参加目的

答可で，子ども201名（34.1 %），知的障害者118名（20.0 %），視覚障害者87名（14.8 %），自閉症59名（10 %），高齢者47名（8 %）等となった。知的障害者を対象に読み聞かせや代読を行っている人が118名と2番目に多く，専門知識や技術を身につけて向上に努めたい意欲的な人が多いと考えられた。

参加目的（図6-8）は，複数回答可で，仕事に活かしたい198名（30.4 %），知識を得たい186名（28.5 %），ボランティア活動に活かしたい180名（27.6 %）が86.5 %を占め，読書支援に対して目的意識の明確な人たちが多かった。

3．講座への評価

4館を合わせて1講座あたり平均約130名の回答があり，5段階から選択する講座への評価は，よく理解できた274名（44.2 %），理解できた285名（46.0 %）が，90.2 %を占めた（図6-9）。

講座ごとに評価の理由として記入された代表例を挙げる。

講座1：
・障害者サービスの概要が理解できた。
・障害者に対する様々な条例や法律などが制定されているのを知り，その背景や内容と，それが障害者とどの様に関わっているかが良く分かりました。

講座2：
・知的障害者にわかりやすいLLブックやマルチメディアDAISYのことを知ることができた。
・実際のマルチメディアDAISYを見たことがなかったので，見れて理解できました。知的障害者の方だからとひとくくりにするのではなく，年齢や興味障害の程度に応じた対応ができるとよいと思いました。

講座3：
・知的障害者にも個人差があり，人に合わせた対応が重要であることがわかっ

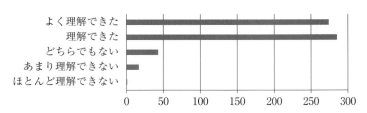

図6-9 講座への評価

た。
- 場である図書館で,知的障害をもつ利用者とのかかわりに疑問(うまく対応できずに悩んでしまった経験)をもち,よりよい対応ができればと日々感じていたので,今回の研修は大変勉強になりました。

講座4:
- 授産所や子どもさんの放課後施設に出前プロジェクトをされているのを具体的に見せて頂き,とてもよく分かりました。どうアプローチすればよいのかが少し理解できました!絵本のよみ方,大変勉強になりました。
- 文字どおりに読まずにわかりやすく変えて読むことを知った。

講座5・6:
- 当事者の方に直接代読する実習ができて,難しかったがたいへんいい経験になった。
- 1対1で読む方法があることを知った。
- 代読を実際にすることで,知的障がいの方とのかかわり方がよく分かりました。自分が思っている以上に考えや意志をもっていらっしゃいますし,選択肢を作ってあげることが大事ということを知りました。サポートをすることが大切というより,となりで話を聞いて一緒に楽しむことが大切なのだと知りました(今まで,してあげるという失礼な考えをしていたのだなと実感しました)。

4.参加後の読書支援への関心の深まり

「参加して読書支援への関心が深まったか?」という質問に対して,はい296名(99.7%),いいえ1名(0.3%)だった(図6-10)。

回答の理由として記入された主な代表は,「ぜひ機会があればやってみたいと思いました」「何らかの形で出張講座(出張の読み聞かせの会)をこの(講座の受講)メンバーで形づくってみたいです」「もっと代読を経験したい・活動したい」「(学んだことを)日常の業務にも活かしていけると思います」「もっとできることはあ

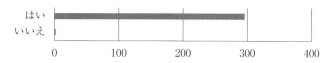

図6-10 参加後の読書支援への関心

ると改めて見直しをすべき」等、受講を活かして支援をしていきたいという意見、「読み聞かせのテクニックがわかった」「代読がわかった」「個別性があることがわかった」「個性に合わせる所、先導すべき所、難しいなと思った」「知的障害者を対象としたサービスはまだまだ当館では不十分であり、どういった部分から拡充していくかを考える重要な知識を頂けた」等、講義や実習で新たに知ることができたという意見が大半であった。

5. 講座への希望

　自由記述では、実際に知的障害者が生活をする場面での実習をしたい、実際に知的障害者へのサービスを行っている人や利用者の声を聞きたい、今回の講座の継続やさらに内容を深めるための講座を開催してほしいという要望が挙げられた。代表例を示す。

- 今すぐではないが、いずれ当館でも同様の講座を開催できればと思う。
- まずは同講座を広く展開し、知的障害者の読書支援という課題発議を広げて頂きたいと思います。
- 実際の場所、場面での実習がしたいです。
- 実際の読書支援をしらない人が多いので、読み聞かせや代読で図書館巡回に欲しい。
- ボランティア複数、当事者の方複数のグループで実際にお話をよむ講座を持って頂き、少しずつ出会いの機会を頂けるとよいのではと思います。
- 知的障害のある方の理解を深めるための講座があると良いと思います。
- このような講座がもっと増えたらいいと思いました。
- 医師の方からわかりやすい障がいに対する知識が得られる講座を受講したいです。
- 幼児（対象）向けの知的障害の講座があれば参加したいです。
- 現場で知的障がい者サービスに携わっている方の話や、利用者の声も聴いてみたいと思いました。

6．まとめ

　開催日程の半数以上で定員を上回り，ニーズのあることが明らかになった。受講者は，すでに知的障害者に関わりのある人が7割を占めた。図書館や障害者関連事業の仕事，あるいは，図書館や小学校でボランティア活動の経験を通して知的障害者の読書支援への関心をもち，彼らへの対応や読書支援の方法について学ぶ必要性を感じて受講したという目的意識の明確な人たちが多かった。講座は，基礎的な知識から具体的な支援を学ぶ実習まで評価が高く，理解しやすい内容で，多様な参加者のニーズに対応した講座であったと考えられる。講座への希望として，今回の講座の継続や，「内容をさらに深めたい」「講座が増えれば良い」などの積極的な要望が挙げられ，講座開催の意義を認める意見が大半を占めた。

　今後は，受講者がこの講座を通して学んだ内容（知識やスキル）を活かす機会を公共図書館等のなかにどのように整えていくのか，こうした講座を公共図書館で継続的に開講していくにはどうしたらよいのかを検討していく必要がある。今回は，科学研究費助成事業による資金と研究目的を共有できる講師たちの協力があった。同じような連続講座を，1館だけで開催することは，難しいかもしれない。奈良のように地域で分担して開催する，あるいは，基礎知識講座と実践講座を分けて開催するなどが考えられる。また，当事者の協力を得ての実習は，図書館とその地域の障害者関連施設等が連携を図って協力者を募る努力を必要とする。

　読み聞かせは，特別支援学校等へ出向いて行っている公共図書館があるが，本人が選んだ本を1対1でわかりやすいことばに替えたり質問に答えたりしながらゆっくり読む代読サービスは，これから取り組むべき内容であるだろう。視覚障害者への対面朗読サービスと同じように，代読を行える部屋を設置し，すべての講座に参加した人を対象としたステップアップ講座を設けて，希望する修了者をボランティア登録し，代読サービスを実施する。さらに，すでに特別支援学校や施設等で，知的障害者への読み聞かせや代読を行っている人たちと交流を図れる場を提供するなどはどうだろうか。

　成果を継続するための具体的な方策として，代読ボランティアの養成と活動を始めている（7章1節）。

■参考文献
　藤澤和子・野口武悟「知的障害者を対象とした公共図書館の利用実態とニーズ調査」『2017年度日本図書館情報学会春季研究集会発表論文集』2017．pp.63-66．

図書館等のためのわかりやすい資料提供ガイドライン作成委員会編，公益社団法人日本図書館協会障害者サービス委員会監修『図書館等のためのわかりやすい資料提供ガイドライン』公益財団法人日本障害者リハビリテーション協会，2017．

社会福祉法人大阪手をつなぐ育成会『知的障害者が制度を理解するための情報提供のあり方に関する研究報告書』厚生労働省平成27年度障害者総合福祉推進事業，2016．p.1-110．

野口武悟・植村八潮編著『図書館のアクセシビリティ：「合理的配慮」の提供へ向けて』樹村房，2016．

藤澤和子・服部敦司編著『LLブックを届ける：やさしく読める本を知的障害・自閉症のある読者へ』読書工房，2009．

山内薫『本と人をつなぐ図書館員：障害のある人，赤ちゃんから高齢者まで』読書工房，2008．

＊本章の一部は，次の雑誌への論文を抜粋，加筆修正したものである。

藤澤和子「公共図書館で実施した知的障害者支援のための読書サポート講座」『みんなの図書館』496，2018．pp.36-41．

7章

今後にむけての取り組みと課題

1節　知的障害者への代読ボランティア養成と活動にむけて

　本書のおわりに，代読ボランティアの養成と活動を「今から始める」ことを提案し，3年間の研究のまとめとしたい。
　代読ボランティアは，公共図書館が核となり，地域住民どうしが相互扶助する関係と，知的障害者が地域で文化的な生活を営むことを支援する重要な活動である。その養成と活動を始めるための具体的な方法と課題について述べる。

1．代読ボランティアの必要性

　公共図書館の障害者サービスのひとつに，主に視覚障害者を対象としている対面朗読がある。利用者が希望する図書館資料を，専門の技能をもった音訳者が対面して読み聞かせるサービスである。1970(昭和45)年に東京都立日比谷図書館で初めて対面朗読サービスが行われ，その後，全国の公共図書館の視覚障害者サービスとして急速に広がってきた。最近は，読み書き障害や，自分でページをめくれない肢体不自由の人などにも，対面朗読サービスが有効であると考えられるようになり，利用者の範囲が広がってきた。
　対面朗読は図書館員が行うこともあるが，主にボランティアが担っている。専門的技能をもつ音訳ボランティアを養成する講座は，公共図書館や点字図書館，当事者団体，地域の社会福祉協議会，市や府の福祉課等が主催している。本研究の協力図書館である吹田市立図書館では，音訳・対面朗読ボランティア養成講座として初級と中級の養成講座が各10回，ボランティアグループに所属している修了者を対象としたスキルアップ講座が8回，毎年実施されている。社会福祉法人日本ライトハウスでは，内容の難易度を(1)(2)の2段階に分けて，それぞれ全15回実施されている。
　このように充実した講座が多くのところで開催され，たくさんの音訳ボランティ

アが活躍するに至るまでには，図書館，当事者や支援者の団体，行政等が，その必要性を認識して実行してきた経緯がある。視覚障害者は，希望すれば，多くの図書館で対面朗読サービスが受けられるようになってきた。

一方で，文字が読めない知的障害者に対して，資料を読むサービスが必要だと認識されたことはあっただろうか。

残念ながら，ほとんど必要性が認識されることはなかったといえる。それは，当事者から読んでほしいという要望があがらないことと，読んでもらっても，それを楽しんだり理解したりすることが難しいだろうと思われていたことが影響していると考えられる。また，図書館員がその必要性を感じても，どのような本をどのように読んであげるといいのかがわからないという思いもあったのではないだろうか。

特別支援学校では，絵本を1対1で読んで聞かせることがある。好きな本をいっしょに楽しむことは教育的に大切だという認識が教員にはある。しかし，残念ながら学校教育が終わると，本を読んでもらう機会は減少する。

本研究で行った公共図書館への利用実態とニーズ，好きな本や求める本の調査結果（3章1節・2節）では，知的障害者が読んでほしいというニーズをもっていること，さまざまなジャンルの本が好まれていること，資料を読む目的で来館する人が最も多いことが，明らかになっている。予想以上に，本が好きで読みたいと思っている知的障害者が多いと考えられる。当事者が自発的に要望を出すことは難しいが，彼らが読みたい本を読んでもらえるサービスを受けることができると，もっと図書館を利用して読書を楽しめる人が増えるにちがいない。

さらに，LLブックの先進国であるスウェーデンでは，知的障害者にLLブック等を読んだり紹介する人が必要だと認識されて，そのサービスを担う朗読代理人を養成する資格制度が設けられている（2章2節）。知的障害者には，資料を用意するだけではなく，読んで聞かせる（代読）サービスが必要なのである。

2．代読とは

では，知的障害者への代読はどのような読み方をするのであろうか。視覚障害者への音訳と比べるとその特徴がよくわかる。

音訳は，視覚に障害のある人の「目の代わり」となって，情報を声で伝えることが目的である。音訳する人の主観や感情を入れることなく，書いてあることを書いてあるとおりにできるだけ忠実に音声化することが求められる。

知的障害者への代読の目的は，情報や情感を理解できるように伝えることである。そのためには，本の内容が違ってしまわない範囲で，ことばを補ったり，難し

いことばや文章をわかりやすく言い換えたりすることが推奨される。物語であれば，登場人物の気持ちや状況の理解がしやすいように，感情を入れた読み方をする。読み手（代読者）と聞き手（当事者）の関係は，「読む－聞く」の一方向ではなく，聞き手にわからないことがあれば質問して読み手が答えたり，聞いた内容について感想を話しあったり，「ことばをやりとりする」双方向である。2人は横に並び，本を一緒に見ながら会話できる位置関係でコミュニケーションをとりながら，読書の楽しみを共有する。また，ときには，読んでもらう本を聞き手と一緒に探すこともある。

　このような代読を実現するためには，読み手に，知的障害者の特性や関わり方についての基礎的知識が必要となる。読み方や話し方，やりとりの仕方について具体的に学ぶ必要がある。知的障害者と日常的に会う機会のない人には，実際に当事者へ代読する実習が必須である。

3．代読ボランティアの養成方法

　代読ボランティアの養成をどのように行うのかは，大きな課題である。視覚障害者のための音訳者養成も，現在のような充実した形となるのに50年以上かかったと思えば，代読者の養成が今スタートラインに立ったこと自体に大きな意義があるといえるだろう。

　現在，3館の協力図書館で養成に向けて試行錯誤しながら取り組みを開始している。それを踏まえて，図7-1に養成のためのシステム案を提案する。

　①の読書サポート講座は，6章にあるように，知的障害の障害特性や対応方法等の基礎的知識を提供する講座と，代読や読み聞かせ等の実際の読書支援の方法を学ぶ実習付き講座を合わせたプログラムである。代読をするためには，全講座の受講は必須である。②のステップアップ講座では，代読の実習経験を積む（本節4を参照）。対面朗読ボランティア養成講座では，対象は違うが1対1で読む基本的な姿勢を培う。代読ボランティアの実地見学と実践等の研修では，具体的なやり方を学ぶ。これら3つの方法のいずれかによって実践力を養う。

　2019年10月時点で，代読ボランティアの登録と活動を行っている図書館は，大阪府では河内長野市立図書館，奈良県では桜井市立図書館の2館のみである。そのため，この2館では，市外在住の人でも希望があれば登録を受け入れ，活動機会を提供している。例えば，生駒市の住人が桜井市立図書館に登録し，桜井市で代読ボランティア活動を行っている。

　これからは，代読ボランティアの養成と活動を実施する図書館が増えることが望

7章 今後にむけての取り組みと課題

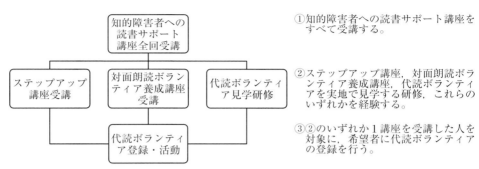

図7-1 代読ボランティア養成のシステム案

①知的障害者への読書サポート講座をすべて受講する。

②ステップアップ講座，対面朗読ボランティア養成講座，代読ボランティアを実地で見学する研修，これらのいずれかを経験する。

③②のいずれか1講座を受講した人を対象に，希望者に代読ボランティアの登録を行う。

まれる。身近な地域でボランティアが活動することによって，代読ボランティアの取り組みの存在が周知され，広がっていくことを期待したい。

4．ステップアップ講座の事例

3.で述べたステップアップ講座について紹介する。

ステップアップ講座は，読書サポート講座（3日間全6講座）をすべて受講した人を対象に，代読についてさらに実践と認識を深めてもらうことを目的として実施する。時間は3時間程度で，主に当事者を相手にした代読の実習に重きを置いている。

実施手続きと内容について，吹田市立図書館と桜井市立図書館の事例を紹介する。

日時と場所と講師

2018年12月 7日13：30～16：15　吹田市立中央図書館
2019年 2月 8日13：00～16：00　桜井市立図書館
講師は，吉田くすほみと藤澤和子で担当した。

参加者と実習協力者

各図書館が，全講座に出席された対象者に電話等で連絡をとったところ，吹田は5名，桜井は12名の参加があった。代読の実習は，吹田がさつき作業所に通所されている3名，桜井が指定障害福祉サービス事業所さくらんぼに通所されている4名に協力していただいた。

内容

①代読の目的や方法についての講義［30分］

講義を聴く　　　　　　　　　　　　　代読をしている動画でやり方を確認

②知的障害のある方に1対1で代読をする実習［45分～1時間］
　　2～3人で1グループをつくり，1人15～20分の代読時間を設ける。

横並びに座って代読の実習（桜井市立図書館）

③各グループ別での討議［30分］
　　代読時の当事者の様子や自分の対応について，良かった点・反省点・疑問点やグループの他の人の代読への感想などを交換する。

④全体発表と質疑応答，まとめ，アンケート記入［1時間］
　　話し合った内容をグループごとに発表する。発表内容に関して講師がコメントをしたり，質問に回答したりする。また，各グループ間でも感想を交換する。

参加者のアンケート紹介

代読の実習をした5名の参加者の感想は次のとおりである。
・本，あるいは新聞などをツールとして，代読をとおして自己表現をされている

んだなぁと感じました。代読には人と人との相互理解する大きな役割を持っているように思います。ぜひボランティアとして活動できればと思います。ありがとうございました。

・代読で音訳や対面リーディングと違いゆっくり読むのが難しかった。利用者の特性を知らずに個別対応をするのもできるだろうかと不安だった。時間中は利用者のものなので，好きに過ごしていただくのが優先。それで読書が楽しい，また読みたいと思ってもらえると良いのかなと感じた。「読んだ」という読み手の自己満足ではいけないと思った。

・私は自分の知的障害の息子に当然のように代読，よみきかせしてきましたが，代読ボランティアということができることを知り，とてもうれしく思っています。合理的配慮がこんなところにも気付いていただいたことに，です。どのように活動していけるか考えています。

・当事者の方々について，本を読んでもらいたいという気持ちや，知りたい，話したいという気持ちがこちらにも伝わってきて，こういうサービスの重要性を感じさせられました。できるなら，少しずつでも進めたいと思います。

・読んでいると，こちらも本の内容に引き込まれ，次はどうなるか？　楽しいひとときを共有出来たような…（でもただの自己満足かも知れませんが）。仕事では障害のある子どもに対しての読みきかせが多いのですが，一緒に本を選ぶ時など参考になりました。気をひきしめて今後も生かしていきたいです。

　5名とも，代読を受けたときの様子から当事者の気持ちをよく汲みとっており，代読の必要性を感じている内容であった。視覚障害者への音訳の経験がある人からは，音訳と代読の手法の違いに戸惑いはあるが，代読とは当事者が読書を楽しむためのサポートであるとわかったこと，他の方からは，代読は相互理解を図るために大きな役割を担っているのではないか，読み手も楽しさを共有できたといった感想があった。また，ボランティアとして活動したいという声もあり，ステップアップ講座が，代読の方法を学ぶことに加えて，ボランティア活動への意欲を高める効果があったこともわかった。

5．代読ボランティアの活動の事例

　　代読ボランティアの登録は河内長野市立図書館と桜井市立図書館で行われ，2018年度から活動が開始されている。

河内長野市ではボランティアが施設を訪問して代読する，桜井市では知的障害者が図書館に来館して代読する方法をとっている。どちらも施設と連携をとり，事前に準備を行っている。図書館ごとに活動の様子を報告する。

河内長野市立図書館

日時	第1回：2018年12月14日（金）13：15～15：00（移動時間を含む） 第2回：2019年6月18日（火）13：15～15：00（移動時間を含む）
場所	地域生活総合支援センターきらら（社会福祉法人大阪府障害者福祉事業団）
参加人数	第1回：知的障害者9名，施設職員6名，代読ボランティア7名（すべて女性），図書館員2名 第2回：知的障害者8名，施設職員5名，代読ボランティア5名（すべて女性），図書館員2名
協力施設	地域生活総合支援センターきらら（社会福祉法人大阪府障害者福祉事業団）

第1回について報告する。

準備

9月21日に打ち合わせのため訪問。持参する図書の冊数や内容，代読ボランティアの人数，時間などを相談した。9名を対象に代読することとなり，冊数が多すぎると選べないとのことで15冊の本を当日持参することにした。この施設では，普段から施設職員による紙芝居などの読み聞かせが行われている。その際の反応から，小学校低学年～高学年向けの本が好まれるのでは，とのことだった。14時から30分程度訪問することとなった。

ペアになり代読している様子

当日の流れと様子

①図書館員と代読ボランティアが図書館内の会議室に集合し，プログラムと持参する本を確認した。その後，全員で図書館から施設まで徒歩で移動した。（移動時間は10分程度）

②挨拶のあと，全員に向けて『あか・みどり・き：しりとりあそび』（小学館，2008）の読み聞かせをした。しりとりの問いに答えてくれた人もいて，「これから楽しい時間が始まる」という印象をもってもらうことに役立ったと思われる。

③ボランティアとペアになり，約25分間，代読を行った。書名と代読時の様子を以下に記す。

『占いレストラン』（童心社，2002）
　　短い話がいくつも収録されており，「次は？　次は？」と集中力が途切れなかった。半分は一緒に声を出して読まれた。

『動物園で，そうじの仕事：義信さんの1日』（埼玉福祉会，2018）
　　施設職員のすすめで選択。半分は声に出して一緒に読まれ，「ここ行ったことある」と口にするなど楽しまれていた。

『ころころパンダ』（ひさかたチャイルド，2011）
　　パンダの体重が120キロ，というところで「（自分の体重はその）半分や」と声が出て，話が進むほどに反応が良くなった。

『サンタの最後のおくりもの』（徳間書店，2006）など
　　知的障害だけでなく肢体不自由（本の方に顔を向けることや話すことが難しい）もある方で，表情が変わらないために楽しまれているかどうかわかりにくかった。しかし，普段の様子を知る施設職員は「喜んで楽しそうにされています」とのこと。

『せかいいちおいしいスープ：あるむかしばなし』（岩波書店，2010）など
　　感想を口にされなかったため楽しまれたかどうかわからなかったが，表情はにこやかで，幸せそうに見えた。

『路線バスしゅっぱつ！』（福音館書店，2016）
　　施設職員によると集中するのが難しい方とのことだったが，乗り物の本を選んで，絵を中心に会話をしながら計3回読んだ。

『わたしのかぞく』（樹村房，2015）など
　　気に入ったところを声に出して繰り返すなど，楽しんだようだ。

最後に，全員が元の場所に集まり，終わりの挨拶とともに「また来てもいいですか？」と尋ねると，歓迎するというような返事があった。

④図書館員と代読ボランティアは図書館に戻り，個々の代読の様子を振り返って記録票にまとめた。

評価

　終始にこにこと楽しそうにされている当事者が多かった。表情が読み取りづらい方も，施設職員によると「楽しそうにされています」とのことだった。個々の方がその方なりに読書を楽しまれたようだ。

　代読ボランティアは，慣れないために戸惑いながらも，当事者が喜ぶ姿を見て，やりがいを感じられた様子だった。

　施設職員からは，外部の人が来るということがまず当事者の刺激になっているということ，また1対大勢の読み聞かせではなく，1対1で読んでもらう機会がこれまでなかったので当事者が喜んだとの感想をもらった。「また来てほしい」とも添えられていた。

成果と課題

　代読を実践したこと，当事者が読書を楽しむ様子を感じとれたことが大きな成果である。また，今後も訪問しての代読を継続することが決まったことも成果といえる（2019年度は3回）。本の選定については，LLブックや布の絵本も喜ばれていたので積極的に持っていきたい。

　課題は，代読のために訪問する施設を増やすことにある。現在，市内にある全福祉施設（約45カ所）のうち，団体貸出（団体が200冊まで3カ月貸出できるサービス）を利用した施設に対してのサービスであるパック貸出（団体貸出に加え，職員が選定した本などを定期的に貸出するサービス）を利用した施設，すなわち，読書や図書館に興味をもっている施設に，規模に応じて代読ボランティアと図書館員の訪問を希望するかどうかを尋ねる方法をとっている。訪問した施設職員や当事者から「また来てほしい」という要望が出ている取り組みなので，代読ボランティア訪問の良さが口コミで広がり，要望される施設が増えることを期待したい。

桜井市立図書館

日時	2019年5月27日（月）10：00～11：00
場所	会議室
参加人数	知的障害者3名（男性1名，女性2名），施設職員2名，代読ボランティア3名（すべて女性）
参加施設	指定障害福祉サービス事業所さくらんぼ

準備

2019年2月8日に行った読書サポートのステップアップ講座において，代読ボランティアを募集した。ボランティア活動希望者に申込用紙を記入してもらい，活動できる曜日などを確認した。

その後，2月末に指定障害福祉サービス事業所さくらんぼと打ち合わせを行った。打ち合わせで確認した内容は，①代読をする場所を施設と図書館のどちらにするか，②本の用意をどうするか，③施設とボランティアとの日程調整の方法，以上3点である。

①の代読の場所については，本をより多くの種類から選んでもらえるように，図書館で行うことになった。

②の本の用意については，当事者の好みを事前に尋ねて図書館スタッフが選んで用意するのか，当事者が事前に来館し選ぶのか，当日当事者とボランティアとで一緒に選ぶのかを施設職員に確認した。当事者や施設職員の負担にならない方法としては，図書館スタッフが選んで用意する方法だと考えたが，当館としては，なるべく本来の代読方法に近い形にしたい旨を説明し，図書館スタッフがサポートしながら，当事者とボランティアが一緒に選ぶ形をとった。

③の日程調整については，まず図書館から施設に日程の希望を伺い，ボランティアに希望日を連絡し，その後，施設からボランティアに代読依頼の連絡をとってもらうようにした。

また，代読を行う部屋については，吉田くすほみ先生の「まわりからの雑音が入らない静かな部屋」で「貼り紙などのない壁に向かって」行うと良いとの指導のもと，点字資料が多くある「よむ・きく・やすむへや」ではなく，会議室で行うことにした。会議室は約75m^{2}の広さがあり，机・椅子のほかに読書補助用のリーディングトラッカーや厚紙，読み方や意味を調べるための国語辞典を用意した。

当日の流れと様子

当日は，初めての代読ボランティアの活動であったため，ボランティアには開始30分前に来館してもらい，当館での活動の進め方について説明し，館内の案内を行った。

本を選んでいる様子

代読の様子

今回の代読は，当事者3名，ボランティア3名が参加し，説明などの時間を含めて1時間での開催とした。吉田先生によると，代読の原則は本を選ぶ時間を含めて約30分。そのうち実際に代読にあてる時間は15分ほどが適しているとのことだったが，初めてということもあり，コミュニケーションのための時間や本を選ぶ時間，代読の時間をゆったりととってもらえるよう，1時間で行うようにした。はじめの説明で，当事者とボランティアに，代読の時間を長めに設定しているが，部屋の出入りは自由で，休憩したり途中でやめたりしてもよいと伝えておいた。

まずは，当事者とボランティアのペアをくじ引きで決め，お互いに自己紹介をした。その後，当事者の好きなことや興味のあることを聞きながら，読みたい本を書架へ探しに行った。本を選ぶ際は，ボランティアが本をパラパラとめくりながら，「こんな本ですよ。いかがですか」などと声をかけ，3組とも数冊ずつ選んだ。コミュニケーションがうまくとれたようで，予想していたよりも早く，10分ほどで3組とも選び終えた。

会議室へ戻り，代読に入る前に，「わかりにくいところはいつでも聞いてもらっていいですよ」と声かけをし，どの本から読むか，どのページから読むかなどを当事者に聞きながら進めた。ボランティアは，わかりにくいことばをわかりやすく言い換えたり，本の内容について当事者と話し合ったり，当事者の様子をみながら本を読んでいった。

評価

ボランティア3名の代読をした感想は次のとおりである。

- 1時間あったので，少しお疲れの様子でした。何時になったら，一度休憩しましょうと予告すべきだったと思いました。こちらに気を遣われて疲れていても「読みます」とおっしゃっていたので，当事者主導になるように心がけたい。
- 雑誌『たまごクラブ』がお好きということで，その本からスタートしましたが，なかなか代読というところに行かず，一緒に写真を見ることに終始した感じです。LLブックの『わたしのかぞく』は，少しイメージが持ってもらえたようで良かった。本の選択がまだむずかしいです。
- 最初に食べ物がお好きと聞いたので，読みたい本のジャンルがはっきりしていて本をできるだけたくさん選んでいただいたのですが，初めに読んだ本が文章中心であまり興味を示されていない雰囲気が感じられたので，途中，施設の職員の方にふだんの読書のようすなど聞かせていただき，写真をごらんになるのが好きとうかがってから，いろいろなお話をしつつ，読みすすめることができました。初めての読書サポートで緊張されていたようですが，時々笑顔を見せていただけたことがうれしかったです。

ボランティア3名全員が，ボランティアとして初めての代読であったため，不安をおぼえたり反省する点があったりしたようだが，当事者からは「楽しかった」との感想があった。これは，ボランティアそれぞれが，当事者と一緒に読書を楽しもうとした結果だと考える。施設職員からは，時間を30～45分とする方が当事者の集中や体力的にも良いかもしれないとの助言があった。

成果と課題

2019年2月8日の読書サポートのステップアップ講座から約4カ月を経て，ようやくボランティアの活動を始めることができた。今回は4名いるボランティアのうち，日程の合った3名の参加があり，当事者3名に対して代読を行った。その3名の当事者も代読は初めてとのことだった。当事者とボランティアの双方が，初めての代読，そして初対面ということで緊張していたが，ボランティアの丁寧な声かけにより，代読が終わるころには，楽しそうな雰囲気も感じられた。

今後も活動を継続することで，当事者とボランティアの関係性も，代読の雰囲気もさらに良くなっていくと考える。

部屋については，付き添いの施設職員の負担を減らすため，1部屋で3組同時に

行った。1部屋で同時に行うことに関して、当事者が集中を保てるかどうか心配していたが、杞憂に終わった。個々の障害の特性を考える必要はあるが、今後も3名程度の人数であれば1部屋で行えると思われる。

時間については、1時間と長めに設定したことにより、当事者に少し疲れた様子が見受けられ、施設職員からは先述の助言があった。次回以降、調整を図りたい。

全体のまとめ

知的障害者への代読ボランティアの養成と活動は、代読ボランティアの希望者、その活動を求めた当事者と施設職員、養成と活動を推進した図書館の3者の、知的障害者の読書を支援するために代読が必要であるという思いが一致したことによって実現できた取り組みである。おそらくわが国で初めてのことだろう。代読中の当事者の楽しそうな表情や話しぶり、同行された施設職員からの「また読んでください」「来てください」ということばが、代読の必要性を納得させるものであった。

ここを出発点として、代読ボランティアの養成と登録に関心をもち、取り組む図書館が増えることを期待している。本節のまとめとして、そのために考えなければならない課題を整理しておきたい。

代読の実施方法については、2館と同じように、当事者が生活する施設、あるいは学校と図書館が連携を図って進める必要がある。知的障害者のほとんどは、視覚障害者のように個人で図書館にサービスの予約をすることは難しい。何度か代読の体験をして予約方法を学習すればできる人もいるだろうが、個人単位の予約をサービスの条件にするには無理がある。代読サービスがあることを、地域の施設や学校に広報し、希望を募る。もちろん個人の利用も歓迎することは広報する。代読をする場所については、河内長野市立図書館のように施設で行う方法と、桜井市立図書館のように図書館で行う方法がある。前者は、当事者や施設職員が、図書館に行かなくてもいいことと、図書館まで行けない人も読んでもらえることに利点がある。後者は、図書館にある多くの本から当事者が読んでほしいと思う本を選ぶことができることと、当事者と施設職員が図書館という施設への理解を深め図書館員と親しくなれる利点がある。これらによって、図書館への来館にもつながりやすいと思われる。図書館の役割は、サービスの要望が増えるように広報することと、実施にあたって、施設とボランティアの双方の日時や人数の調整、代読に使えそうな本の準備などを行い、ボランティアが自主的に活動できるようにコーディネートすることであると考える。

養成についての課題は、まずは読書サポート講座を開催するところにある。だれ

が主催し，だれが費用を負担するのかという問題である。6章で報告した講座は，科学研究費助成事業の研究費用として支出している。今後は，公共図書館が主催する，あるいは今回の講座に協力いただいた講師の方たちと任意の会をつくって共催にする，または，全国手をつなぐ育成会などの当事者団体との共催も，講座の目的からすれば適当ではないだろうか。ステップアップ講座や代読ボランティアの登録についても，視覚障害者や子どもや高齢者を対象とした朗読や読み聞かせの養成講座やボランティアの活動支援を行っている図書館は多いので，蓄積されているやり方を応用して課題の解決を図ることが望まれる。

なお，2019年度の読書サポート講座は，大阪府立中央図書館により，10～11月に実施されることが決まっている。同館が，毎年開催している「司書セミナー」の中に6講座分を入れて実施される。受講対象者は，大阪府立図書館の司書と図書館のボランティアに限られるが，このような積み重ねがまずは大切だと考える。

2 節　本研究のまとめ

本研究は，公共図書館において知的障害者のニーズを反映した的確な合理的配慮の提供のあり方を検討するために，知的障害者とその家族を対象に公共図書館利用の実態とニーズについての調査を実施し，その結果と海外の先進事例を参考に公共図書館が知的障害者に行うべき合理的配慮の内容と提供方法を検証した。

具体的には，次の3項目について，吹田市立図書館，河内長野市立図書館，桜井市立図書館の3館の公共図書館（読書サポート講座のみ調布市立図書館と生駒市立図書館にも参加していただいた）の協力を得て取り組みを進めた。

1つめは，わかりやすい図書や視聴覚メディア資料の提供である。知的障害者が公共図書館を利用する主な目的は資料の閲覧と貸出であるが，読みたい資料がない，本が難しかったということで困っている人が多いという実態があった。そこで，LLブックのほかにもわかりやすい本を加えたLLブックコーナーの設置と，マルチメディアDAISYの視聴や貸出の機会を設ける取り組みを実施した。貸出件数等の調査により，コーナーの設置は，LLブックとマルチメディアDAISYの貸出数の増加に影響することが明らかになった。LLブックの冊数を増やすこと，目立つ場所にコーナーを設置するだけでなく並行して障害やLLブックに関する展示を行うことなどが，LLブックとマルチメディアDAISYの周知につながると考えられた。しかし，まだ当事者のコーナー利用は少ないので，障害者関連の事業所や

福祉課，特別支援学校等を通じて広報を進める必要がある。

　2つめは，知的障害者が利用しやすい図書館の環境的配慮とわかりやすい情報提供についての4つの取り組みである。障害特性による落ち着きのなさや声を出す等の行為のある人が安定するための場所，また同行者が当事者に読み聞かせや代読をしたりマルチメディアDAISYを視聴したりすることができる場所として個室を設置した。理解・啓発のためのポスターを，知的障害者をはじめ，さまざまな人が図書館を気持ちよく楽しく利用することができるように，利用するすべての人々に理解をうながす目的で制作し，館内に掲示した。わかりやすい図書館利用案内は，図書館でできることやルール等の理解を促すために，近畿視覚障害者情報サービス研究協議会が提供する『ようこそ図書館へ』のひな型を利用して制作し，配布およびウェブでの公開を行っている。公共図書館の標準的な分類法である日本十進分類法を知的障害者にもわかりやすく表現することをめざしてピクトグラムで標示するNDCピクトグラムを制作した。利用案内を除いたこれらの取り組みについては，まだ始めて期間が浅いため，地域の事業所や特別支援学校等に広報して，これからの利用状況をみていきたい。

　3つめは，職員によるわかりやすい対応と読書を届けるための支援である。知的障害者は，図書館員の直接的な対応による支援を必要としている。また，図書館へ行きたいけれど行けない人，図書館を知らない，何をしているところかわからない人もいる。そこで，図書館へ当事者を招いて図書館利用や読み聞かせなどを体験していただく図書館体験ツアー，事業所を訪問して本を届けるアウトリーチの取り組みを行った。図書館体験ツアーは図書館員が事業所と事前に細やかな打ち合わせを行い，参加者の障害の種類や程度，年齢，人数等に合わせてプログラムを準備して実施した。その結果，当事者や事業所の職員から，「楽しかった」「またお願いしたい」という高評価を得ることができた。アウトリーチにおいても，資料の紹介や視聴の機会を積極的に設けることで，読書や資料への興味を高めた。また，知的障害者を図書館員として雇用する取り組みも報告した。

　さらに，知的障害者の読書支援を行うことができる人を養成する目的で，読書サポート講座を4カ所で開催した。基礎的な知識を提供する基礎編と，知的障害者の読書支援を実際に行うための方法と技能を学習する実習付き実践編を6講座で構成した。参加者は図書館員に限らず一般の市民までを対象とし，開催にむけた広報や運営は，協力図書館が担当した。アンケート結果によると，参加者は知的障害者の読書支援への関心をもち，そのための対応や方法について学びたいという目的意識の明確な人たちが多く，内容をさらに深めたい，講座が増えれば良いなどの積極的な要望が挙げられ，講座開催の意義を認める意見が大半を占めた。

以上，3項目の10におよぶ実践を通して，具体的で現実的な合理的配慮の内容と方法の例を提示し，これから取り組もうとする他の図書館のモデルケースを示すことができたと考える。

3節　今後の課題

2019年6月に成立した読書バリアフリー法では，視覚障害者等の読むことに困難がある人たちが利用しやすい資料を充実させることや，書籍データのダウンロードや利用に関する支援などを公共図書館が行い，読書環境を整備する責務を果たすことが示されている。今後ますます公共図書館が障害者への読書保障に努める必要性が高まっている。

知的障害者への取り組みとして，現在，7章1節で報告したように，読書サポート講座で得た成果を活かし，代読ボランティアの養成と活動を開始しており，2019年度の読書サポート講座は大阪府立中央図書館の協力で開催した。図書館体験ツアーやアウトリーチサービスについても，協力図書館で継続して実施されている。

今後の課題としては，協力図書館が継続して合理的配慮に取り組むことに加えて，実践する図書館を全国的に増やしていくことにある。実践から得た事例や情報を共有し，当事者の意見も取り入れることで，より有効なサービスを模索し，実践へと還元することができる。そのためには，学会や研究会等での研究発表を継続し，協力図書館のウェブサイトをはじめとしたさまざまな媒体をとおして情報発信を行っていきたい。

2017年度に国立国会図書館により実施された公共図書館を対象とした障害者サービスの実態調査によると，知的障害者の図書館利用者が3番目に入り，当事者を対象とした本研究の調査では，回答者の7割の人が「利用経験がある」と回答している。これらの事実は，予想以上に図書館を利用している知的障害者が多いことを示している。

本研究の実践は，図書館から知的障害者の施設等に積極的に連携を図り，図書館員が知的障害者や施設職員と直接コミュニケーションをとることの重要性を示している。関わりのなかから，「どうすれば，知的障害の人たちは，図書館を利用したり読書を楽しんだりできるのか」ということが実感される。

今後いっそう，全国の公共図書館で知的障害者への合理的配慮の取り組みが進み，すべての人が安心して利用でき，楽しめる図書館になることを願っている。

資料編

1. マンガで見る知的障害者への合理的配慮
    「LL ブックコーナー あるとき・ないときマンガ」
    「図書館体験ツアールポ」
    「アウトリーチ出前図書館 あるとき・ないときマンガ」
    「代読ボランティア活動ルポマンガ」
    作・画／まついひとみ

2. 知的障害者およびさまざまな人々の図書館利用への理解・啓発ポスター
    「ようこそ図書館へ　図書館はどなたでも利用できます」
    「図書館にはいろんな本があるようにいろんな人が利用しています」
    制作協力／社会福祉法人大阪手をつなぐ育成会
後援／公益社団法人日本図書館協会

3. 日本十進分類法ピクトグラム
    「NDC ピクトグラム活用のススメ」
    制作協力／キハラ株式会社
後援／公益社団法人日本図書館協会

4. LL ブックコーナーの図書リストと貸出数
    河内長野市立図書館
    吹田市立千里山・佐井寺図書館
    桜井市立図書館

5. マルチメディア DAISY の所蔵リスト
    河内長野市立図書館

作・画　まついひとみ　「公共図書館における知的障害者への合理的配慮研究委員会」制作　JSPS科研費JP16K00453の助成による

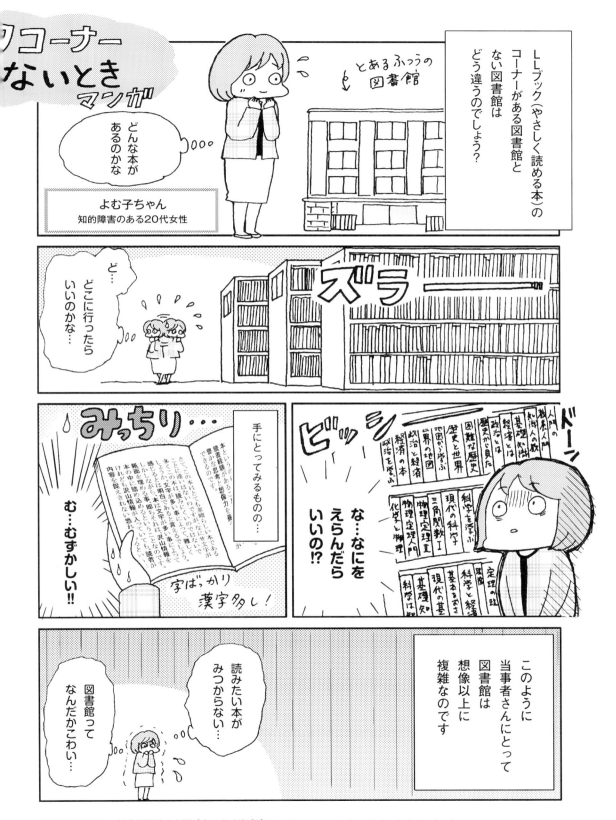

*1 『はつ恋』樹村房, 2018
*2 「おにぎりおむすび」『わいわい文庫マルチメディアDAISY図書2017』伊藤忠記念財団, 2017
入手可能な URL：社会福祉法人大阪手をつなぐ育成会 http://www.osaka-ikuseikai.or.jp/index.html

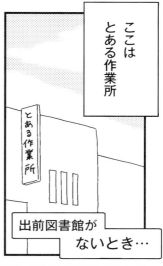

入手可能な URL：社会福祉法人大阪手をつなぐ育成会 http://www.osaka-ikuseikai.or.jp/index.html

入手可能な URL：社会福祉法人大阪手をつなぐ育成会 http://www.osaka-ikuseikai.or.jp/index.html

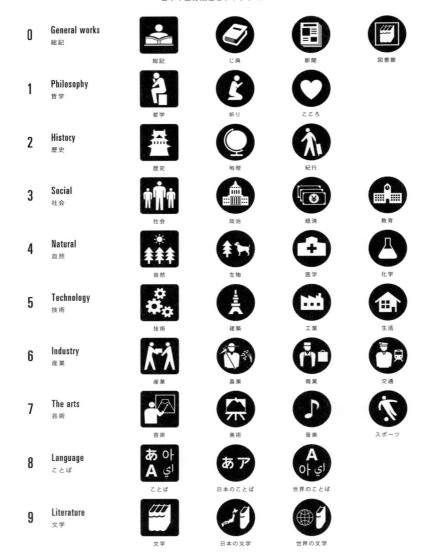

入手可能な URL：キハラ株式会社 https://www.kihara-lib.co.jp/ （2019 年 12 月に公開予定）

NDCピクトグラム活用のススメ

藤澤和子、野口武悟、吉田くすほみ

1. 合理的配慮としてのNDCピクトグラムの必要性

2016年4月に「障害を理由とする差別の解消の推進に関する法律」(障害者差別解消法)が施行されて、行政機関等には障害者への合理的配慮の提供が義務づけられた。行政機関等のなかには公立図書館や国公立の大学図書館、学校図書館も含まれる。

合理的配慮とは、「障害者が他の者との平等を基礎として全ての人権及び基本的自由を享有し、又は行使することを確保するための必要かつ適当な変更及び調整であって、特定の場合において必要とされるものであり、かつ、均衡を失した又は過度の負担を課さないものをいう」と定義される(「障害者の権利に関する条約」第2条)。つまり、障害者からの意思の表明があった場合、社会的障壁を取り除くために必要な対応を負担が過大になり過ぎない範囲で行うことである。

合理的配慮のあり方については、障害者差別解消法施行前から各方面で検討が進められつつあったが、図書館を利用する知的障害者への合理的配慮については十分とはいえなかった。そのため、筆者らは、2016年度以降、独立行政法人日本学術振興会の科学研究費助成金(科研費)を得て研究を進めてきた。この研究の一環で実施した当事者調査(616人が回答)からは、月に1回以上公立図書館を利用する知的障害者が40%いること、館内で一番困ったことが「読みたい本がどこにあるのかわからなかった」ことであることなどが明らかとなった[1]。

この困り感への配慮の1つとして、図書館の標準的な分類法である日本十進分類法(以下、NDC)を知的障害者にもわかりやすく表現して標示することが有効である。そこで、筆者らは、キハラ株式会社の協力のもと、NDCを表すピクトグラムの検討を進めてきた。(野口武悟)

2. NDCピクトグラムとは

NDCは、さまざまな種類の図書館資料を分類するために重要な分類法だが、大分類から小分類まで、分類概念と分類名が専門的であるため、知的障害者等の認知機能に困難を抱える人々や子どもたちが理解することは難しい。また、多くの図書館で行われている排架標示は文字による標示であるため、文字の読めない人たちが図書館資料を探すための目印として利用することはできない。

このように対象者によっては難易度が高いNDCを、誰でもが見てわかりやすいようにピクトグラムにして構成したものが、「NDCピクトグラム」である。大分類—中分類—小分類から構成されているNDCを、標示で頻繁に使用される大分類を中心に、視覚的にわかりやすくすることを目指した。

大分類は、中分類と小分類を含んだ大きな概念を代表して表現されているため、大分類のピクトグラムだけで分類内容を表すのは、困難である。そのため、10の大分類は、各分類ごとに1個のピクトグラムで表現し、大分類の意味がイメージしやすいように、中分類から代表的な分類を2個か3個選んで、大分類に付随するピクトグラムとして構成した。例えば、6類「産業」は、ものが行き来し流通するイメージを表現した「人がものを受け渡しする」大分類のピクトグラムに、中分類の中から「農業」「商業」「交通」のピクトグラムを合わせた。大分類を正方形、中分類を円形にすることで違いを示している。大分類1個と中分類2～3個を合わせた標示は、分類内容の意味を具象的に表現するものである。

大分類の名称についても一部変更した。複数の名前が併記してある大分類は1つにした。他にも、わかりやすい名称になるように、3類「社会科学」は「社会」、4類「自然科学」は「自然」、8類「言語」は「ことば」と変更した。(藤澤和子)

3. ピクトグラムの利用と効果

ピクトグラムとは、ことばの意味を簡潔な絵で表現した目で見ることのできることばの記号である。ピクトグラムのわかりやすさは、文字に比べて、曖昧性がなく意味が明瞭であること、シンボル同士の個々の特徴が明瞭で弁別が容易であること、音読や黙読による命名をしないで意味が瞬時にわかることである[2]。また、どの国籍の人が見ても一目でわかるという利点がある。言語に縛られないというピクトグラムの特徴を活かして 1964 年の東京オリンピックに引き続き、2020 年の東京オリンピック・パラリンピックでも競技名の表記等に活用される予定である。現在ピクトグラムは、障害者、高齢者、外国人、子ども等のすべての人が、安全に健やかに生きられる社会を目指したユニバーサルデザインとして、公共施設や交通標識、安全、禁止等の標示に、広く有効に活用されている。

NDC ピクトグラムは、2005 年に経済産業省が制定した「コミュニケーション支援用絵記号デザイン原則（JIS T0103）」[3]の日本工業規格（JIS）を参考に制作した。JIS 絵記号は、文字や話しことばによるコミュニケーションの困難な人が、ことばの代わりに絵記号を指さしたり手渡して自分の要求や意思を伝える補助代替コミュニケーション手段として制定された。JIS 絵記号のデザイン原則を適用した理由は、ピクトグラムの意味の明瞭度と弁別の容易性、理解の速攻性に優れている利点を有していること、とりわけ黒地の背景に対象を白抜きで表現する組み合わせは、視認性の高さを示すからである[4]。排架標示で用いられることが多いため、遠方からでも識別を容易にする視認性の高さは重要な要素である。そして、さまざまな人が利用する図書館にあって、この色の組み合わせは、弱視や色覚障害の人にも視覚的に弁別しやすいのである。（藤澤和子）

現在、公共図書館でピクトグラムを活用した事例をいくつか紹介する。

『ようこそ図書館へ』
わかりやすい図書館利用案内 [5]

誰でもが図書館を利用しやすくなるために作った案内冊子

吹田市立中央図書館（大阪府）

『LL ブックコーナー』の標示と
LL ブックの分類ラベル

文字を読んだり内容を理解することの難しい人たちに読みやすくわかりやすい本を集めたコーナー

吹田市立中央図書館（大阪府）　　桜井市立図書館（奈良県）

『よむ・きく・やすむへや』個室の標示

本を読んでもらう、マルチメディア DAISY を視聴する、クールダウン等の目的で使用できる個室

桜井市立図書館（奈良県）

4. NDC ピクトグラムの活用

NDC ピクトグラムの活用例を紹介する。

①書架への標示

公共図書館、大学図書館、学校図書館等の書架に、NDC ピクトグラムを標示して、図書館資料の排架場所を明示する。ピクトグラムで示された NDC は遠くからでも見つけやすく、読みたい本を探しやすくする。読むだけでなく本を探すことも、読書の楽しみの1つである。また、日本語を読むことが難しい外国人にとっても、図書館を活用しやすくする。

②本の背に貼る分類ラベル

図書館の本の背には、分類記号を記載したラベルが貼られている。数字を用いて日本十進法の分類を示しているが、ラベルの数字から分類内容をイメージすることが難しい人もいる。ピクトグラムのラベルを貼った図書館資料であれば、どのようなジャンルであるかがイメージしやすい。

③小学校、中学校、特別支援学校の授業での使用

子どもたちに NDC ピクトグラムを使って、図書館資料の分類や排架について教えると、分類の意味や内容が理解しやすく、本や図書館への関心につながっていく。

④NDC ポスターの館内掲示

NDC ピクトグラムを使い始める時は、必ず NDC ピクトグラムのポスターを利用者がよく見える所に貼っておく。そうすることで NDC を知らなかった人たちも分類の内容や意義を学び、関心を深めることができる。

今では誰もが目にする非常口のピクトグラムも、1979 年に国内標準になるまでは「非常出口」と文字だけで表示されていた。今までは文字と数字での表示だった NDC も、これからはピクトグラムに変わっていくだろう。誰もがわかりやすく利用しやすい図書館を目指して、NDC ピクトグラムを活用していこう！（吉田くすほみ）

藤澤和子（ふじさわ　かずこ）
大和大学保健医療学部教授、博士（教育学）、専門は言語コミュニケーション障害学・特別支援教育、平成15年度財団法人日本規格協会「コミュニケーション支援用絵記号標準化委員会」委員として JIS 絵記号制定に参与する。著書に『障害のある人たちに向けた LL マンガへの招待―はたしてマンガはわかりやすいのか』（共編著、樹村房、2018年）、『視覚シンボルによるコミュニケーション支援に関する研究―日本版 PIC の開発と活用を通して』（風間書房、2011年）等がある。

野口武悟（のぐち　たけのり）
専修大学文学部教授、放送大学客員教授、博士（図書館情報学）。専門は図書館情報学、情報アクセシビリティ。（一社）日本子どもの本研究会会長、（公社）日本図書館協会障害者サービス委員会委員などを務める。著書に『図書館のアクセシビリティ：「合理的配慮」の提供へ向けて』（共編著、樹村房、2016年）、『多様性と出会う学校図書館：一人ひとりの自立を支える合理的配慮へのアプローチ』（共編著、読書工房、2015年）等がある。

吉田くすほみ（よしだ　くすほみ）
大阪特別支援教育振興会、言語聴覚士、知的障害・自閉症児者のための読書活動を進める会会長として LL ブック（やさしく読める本）セミナーと LL ブックフェアを十数年間主催する。著書に『LL ブックを届ける―やさしく読める本を知的障害・自閉症のある読者へ』（分担著、読書工房、2009年）『サウンズアンドシンボルズ』（共著、南大阪療育園、1985年）がある。

引用文献・脚注
[1] 藤澤和子・野口武悟「知的障害者を対象とした公共図書館の利用実態とニーズ調査」『2017年度日本図書館情報学会春季研究集会発表論文集』, 2017年, p.63-66.
[2] 高橋雅延「視覚シンボルと現代社会」清水寛之（編）,『視覚シンボルの心理学』ブレーン出版, 2003年, p.65-84.
[3] JIS T0103「コミュニケーション支援用絵記号デザイン原則」財団法人日本規格協会 2005年
[4] 藤澤和子「コミュニケーション支援用絵記号の標準化について - 意義と課題」『発達人間学論叢(大阪教育大学発達人間学講座),7』2004年, p.51-59.
[5] 近畿視覚障害者情報サービス研究協議会 LL ブック特別研究グループ制作のひな型をもとに制作された。

河内長野市立図書館わかりやすい本のコーナーの図書リストと貸出数

LL ブック

NO.	書名	出版社	発行年	受入年月	コーナー設置後の貸出回数（2017年9月－2018年9月）	コーナー設置前の貸出回数
1	はつ恋	樹村房	2017		11	
2	アサガオをそだてよう	埼玉福祉会	2017		11	
3	地震がきたらどうすればいいの？	埼玉福祉会	2017		11	
4	あたらしいほうりつの本（自立生活ハンドブック　9）	全日本手をつなぐ育成会	2000		9	
5	いっぽんのせんとマヌエル	偕成社	2017		9	
6	ぼくの家はかえで荘	埼玉福祉会	2016		9	
7	セミがうまれるよ	埼玉福祉会	2017		9	
8	かっこよくいきるすてきにいきるための5つのお話	ごま書房新社	2017		8	
9	わたしのかぞく	樹村房	2015		7	
10	美しくなりたいあなたへ	埼玉福祉会	2017		6	
11	山頂にむかって	愛育社	2002	2008.3	6	2
12	パンケーキをつくろう！	専修大学アクセシブルメディア研究会（文学部野口ゼミナール）	2015	2016.3	6	7
13	病院へいこう（S-planning ハンドブック　2）	S プランニング	2008	2016.3	5	6
14	ら・クック（S-planning ハンドブック　1）	S プランニング	2007	2016.3	5	13
15	赤いハイヒール	日本障害者リハビリテーション協会	2006		4	
16	ひろみとまゆこの2人だけのがいしゅつ	清風堂書店出版部	2006	2015.2	4	5
17	リーサのたのしい一日	愛育社	2002	2008.3	4	5
18	からだ!!げんき!?（自立生活ハンドブック　4）	全日本手をつなぐ育成会	1999		3	
19	COOK ヘルシー	全日本手をつなぐ育成会	2004		3	
20	知的障害や自閉症の人たちのための見てわかるビジネスマナー集	ジアース教育新社	2008		3	
21	はじめてのメイク（LL ブックにチャレンジシリーズ　2）	専修大学アクセシブルメディア研究会（文学部野口ゼミナール）	2014		3	
22	いや（S-planning ハンドブック　5）	S プランニング	2017		2	
23	こわいこともあるけれど（グループホームで暮らす／S-planning ハンドブック　4）	S プランニング	2009		2	
24	仕事に行ってきます　1（洋美さんの1日／LL ブック／やさしくよめる本／クッキーづくりの仕事	埼玉福祉会出版部	2018		2	
25	性 say 生（自立生活ハンドブック　16）	全日本手をつなぐ育成会	2005		2	
26	わたし流でいこう（みんなで話そう、これからの暮らし）	全日本手をつなぐ育成会	2007		2	
27	Bon appétit（どうぞめしあがれ／自立生活ハンドブック　5）	全日本手をつなぐ育成会	1996		2	
28	食（自立生活ハンドブック　8）	全日本手をつなぐ育成会	1999		2	
29	ひとりだち（自立生活ハンドブック　11）	全日本手をつなぐ育成会	2001		1	

マルチメディア DAISY

	書名	出版社	発行年	コーナー設置後の貸出回数	コーナー設置前の貸出回数
30	わいわい文庫（録音図書）Ver. BLUE（マルチメディア DAISY 図書　2016）	公益財団法人伊藤忠記念財団	2016	6	0
31	わいわい文庫（録音図書）Ver. BLUE（マルチメディア DAISY 図書　2015）	公益財団法人伊藤忠記念財団	2015	4	0
32	わいわい文庫（録音図書）Ver. BLUE（マルチメディア DAISY 図書　2013）	公益財団法人伊藤忠記念財団	2013	4	0
33	わいわい文庫（録音図書）Ver. 1（マルチメディア DAISY 図書　2016）	公益財団法人伊藤忠記念財団	2016	4	0
34	わいわい文庫（録音図書）Ver. 1（マルチメディア DAISY 図書　2014）	公益財団法人伊藤忠記念財団	2014	3	2

	書名	出版社	発行年	コーナー設置後の貸出回数	コーナー設置前の貸出回数
35	わいわい文庫（録音図書）Ver. 2（マルチメディア DAISY 図書　2016）	公益財団法人伊藤忠記念財団	2016	3	0
36	わいわい文庫（録音図書）Ver. BLUE（マルチメディア DAISY 図書　2017	公益財団法人伊藤忠記念財団	2017	1	
37	わいわい文庫（録音図書）Ver. BLUE（マルチメディア DAISY 図書　2018	公益財団法人伊藤忠記念財団	2018	1	

一般書

	書名	出版社	発行年	コーナー設置後の貸出回数
38	まるで海外のような日本の絶景	宝島社	2014	28
39	地球一周空の旅	パイインターナショナル	2011	24
40	世界の国旗図鑑	偕成社	2016	22
41	休息びより	パイインターナショナル	2013	21
42	原色ワイド図鑑〔5〕（Picture Encyclopedia／改訂新版／恐竜）	学研ネクスト	2002	21
43	子どもの「なんで？」にキッパリ答える本	河出書房新社	2012	21
44	まるで童話のような，世界のかわいい村と美しい街	パイインターナショナル	2015	21
45	ビジュアル世界大地図	日東書院本社	2014	20
46	かわいい動物色えんぴつ	主婦の友社	2003	18
47	JR 新幹線・特急全車両大図鑑	世界文化社	2014	17
48	Zoo っとたのしー！動物園	文一総合出版	2017	16
49	空から見た美しき世界（ナショナルジオグラフィック）	日経ナショナルジオグラフィック社	2014	16
50	はじめての iPhone & iPad（中高年のデジタル手習い塾）	NHK 出版	2014	16
51	やさしいパソコン講座インターネット & メール超入門	マイナビ	2012	16
52	料理がひきたつ包丁さばき	日東書院	1998	16
53	JR 全車両大図鑑	世界文化社	2000	15
54	出会いを楽しむ海中ミュージアム	山と溪谷社	2005	15
55	ピラミッド事典（「知」のビジュアル百科　21）	あすなろ書房	2008	15
56	ホットケーキミックスで大好き！お菓子	学研	2000	15
57	やさしい色えんぴつ	主婦の友社	2007	15
58	ウミウシ	二見書房	1994	13
59	今森光彦世界昆虫記	福音館書店	2013	12
60	折り紙でつくるおいしい食べもの	ブティック社	2006	12
61	心のたんけん　3	学研	2013	12
62	コンピューターおばあちゃんといっしょに学ぶはじめての iPad 入門	アスキー・メディアワークス	2013	12
63	写真で見る小さな生きものの不思議	平凡社	2015	12
64	たのしいおかたづけ	翔泳社	2015	12
65	つまき式親子で楽しむ動物園ガイド	そうえん社	2015	12
66	はじめての「ぬう」と「あむ」	主婦の友社	2015	12
67	モフモフ家族	東京書籍	2011	12
68	野鳥の図鑑	福音館書店	1991	12
69	一人前になるための家事の図鑑	岩崎書店	2014	11
70	イラスト版コミュニケーション図鑑	合同出版	2015	11
71	おいしい色えんぴつ	視覚デザイン研究所	1997	11
72	心のたんけん　4	学研	2006	11
73	心のたんけん　5	学研	2006	11
74	世界ロボット大図鑑	新樹社	2005	11
75	大切なからだ・こころ	少年写真新聞社	2011	11
76	動物園児	人類文化社	2002	11
77	にげましょう	共同通信社	2014	11

	書名	出版社	発行年	コーナー設置後の貸出回数
78	集めて楽しむ昆虫コレクション	山と溪谷社	2007	10
79	イヌのいいぶんネコのいいわけ	福音館書店	1998	10
80	恐竜のおりがみ	誠文堂新光社	2017	10
81	知って楽しい花火のえほん	あすなろ書房	2008	10
82	新幹線パーフェクトガイド	講談社	2011	10
83	全国路線バス大百科	講談社	2015	10
84	BABIES	東京書籍	2009	10
85	名詩の絵本	ナツメ社	2009	10
86	イソップものがたり	富山房企畫	2014	9
87	なごみねこ写真術	文化出版局	2002	9
88	ホネ事典（「知」のビジュアル百科　28）	あすなろ書房	2006	9
89	山手線VS大阪環状線（ぷち鉄ブックス）	交通新聞社	2017	9
90	イラスト版からだのつかい方・ととのえ方	合同出版	2008	8
91	岩石・鉱物図鑑（「知」のビジュアル百科　1）	あすなろ書房	2004	8
92	昆虫	ランダムハウス講談社	2008	8
93	はじめての水彩色えんぴつ	主婦の友社	2004	8
94	目で見る栄養	さ・え・ら書房	2016	8
95	エコ生活のアイデアコツのコツ　2	リブリオ出版	2009	7
96	かわいい手づくりパッチワーク　2	汐文社	2002	7
97	ゆびあそびシリーズ　10	星の環会	1999	7
98	大きな字でわかりやすいキーボード入力	技術評論社	2018	6
99	船の百科	あすなろ書房	2008	6
100	クイール（写真絵本映画「クイール」）	ぴあ	2004	5
101	動物のすみか	丸善	1997	5
102	どこがあぶないのかな？　6（危険予測シリーズ／自転車）	少年写真新聞社	2017	5
103	どこがあぶないのかな？　7（危険予測シリーズ／水べ）	少年写真新聞社	2017	5
104	場面でわかる正しいことばづかいと敬語　5	くもん出版	2008	5
105	もう一度読みたい国語教科書　小学校篇	ぶんか社	2002	5
106	どこがあぶないのかな？　1（危険予測シリーズ／学校）	少年写真新聞社	2015	4
107	どこがあぶないのかな？　5（危険予測シリーズ／ぼうはん）	少年写真新聞社	2015	4
108	場面でわかる正しいことばづかいと敬語　1	くもん出版	2008	4
109	心のたんけん　6（自立生活ハンドブック　15）	学研	2006	3
110	どこがあぶないのかな？　2（危険予測シリーズ／家）	少年写真新聞社	2015	3
111	どこがあぶないのかな？　3（危険予測シリーズ／まち）	少年写真新聞社	2015	3
112	どこがあぶないのかな？　4（危険予測シリーズ／ぼうさい）	少年写真新聞社	2015	3
113	「働く」の教科書	中央法規出版	2013	3
114	ビーズ大好き！	日本ヴォーグ社	1999	3
115	場面でわかる正しいことばづかいと敬語　4	くもん出版	2008	2
116	おとなの病気は、ぼくらが予防！未来の健康防衛隊	保育社	2018	1
117	目であるく、かたちをきく、さわってみる．	港の人	2011	1

児童書

	書名	出版社	発行年	コーナー設置後の貸出回数
118	回転寿司おもしろ大百科	永岡書店	2015	28
119	路線バスしゅっぱつ！	福音館書店	2016	20
120	ルパン三世カリオストロの城	徳間書店	2000	18
121	鉱物・化石探し	東方出版	2016	17
122	これだけは知っておきたい教科書に出てくる日本の城　西日本編	汐文社	2016	17
123	囲碁のひみつ	学研	2003	16
124	赤毛のアン（徳間アニメ絵本　13）	徳間書店	1996	15
125	魔女の宅急便（徳間アニメ絵本　6）	徳間書店	1989	14

	書名	出版社	発行年	コーナー設置後の貸出回数
126	おとなも学べるこども礼儀作法	少年写真新聞社	2013	13
127	〈国際版〉ディズニーおはなし絵本館　14　アラジン	講談社	2002	13
128	わたしはカメムシ（ふしぎいっぱい写真絵本）	ポプラ社	2014	13
129	〈国際版〉ディズニーおはなし絵本館　15　ライオン・キング	講談社	2002	12
130	コミック！将棋入門	日本放送出版協会	2001	9
131	しゅわしゅわ村のだじゃれ大会（手話ではなそう）	偕成社	2015	8
132	生活図鑑	福音館書店	1997	8
133	冒険図鑑	福音館書店	1985	8
134	町たんけん	福音館書店	1997	8
135	食べ物で見つけた進化のふしぎ	少年写真新聞社	2015	7
136	月のかがく	旬報社	2011	7
137	〈国際版〉ディズニーおはなし絵本館　16　モンスターズ・インク	講談社	2002	6
138	ことばのえほん ABC	あかね書房	1988	6
139	アイちゃんのいる教室	偕成社	2013	3
140	介助犬ターシャ	小学館	1999	3
141	木の図鑑（絵本図鑑シリーズ　20）	岩崎書店	1999	3
142	今日からは，あなたの盲導犬	岩崎書店	2007	3
143	動物・小鳥のかいかたそだてかた	岩崎書店	1994	2
144	新レインボーにほんご絵じてん	学研	2002	1

大活字本

	書名	出版社	発行年	コーナー設置後の貸出回数
145	家事のコツのコツ　1（大図解／大きな図で解りやすい本）	リブリオ出版	2001	22
146	簡単料理コツのコツ　1（大図解／大きな図で解りやすい本）	リブリオ出版	2002	15
147	家事のコツのコツ　5（大図解／大きな図で解りやすい本）	リブリオ出版	2001	12
148	家事のコツのコツ　2（大図解／大きな図で解りやすい本）	リブリオ出版	2001	10

吹田市立千里山・佐井寺図書館わかりやすい本コーナーの図書リストと貸出数
LLブック

NO.	書名	出版社	発行年	受入年度	貸出数		
					2017年度	2018年4～10月	受入以降の累計
1	ぼくのおにいちゃん	小学館	1997	2004	0	0	40
2	ら、クック	Sプランニング	2007	2013	9	0	39
3	きみもきっとうまくいく（子どものためのADHDワークブック）	東京書籍	2007	2013	2	2	31
4	ぼくたちのコンニャク先生	小学館	1996	2004	1	0	26
5	学校つくっちゃった！	ポプラ社	2006	2013	1	0	23
6	病院へいこう（けんこうにくらすために）	Sプランニング	2008	2014	4	1	21
7	さんびきのこぶた（LLブック）	埼玉福祉会	2017	2017	12	5	17
8	ディスレクシアってなあに？	明石書店	2006	2013	2	0	16
9	ちえちゃんの卒業式	小学館	2000	2004	0	0	16
10	となりのしげちゃん	小学館	1999	2004	0	0	14
11	グループホームで暮らす（これから利用したいと思う人に）	Sプランニング	2008	2014	3	1	13
12	障がいって、なあに？（障がいのある人たちのゆかいなおはなし）	明石書店	2004	2013	1	1	12
13	わたしのかぞく なにが起こるかな？	樹村房	2015	2015	6	1	11
14	ゆいちゃんのエアメール	小学館	2001	2004	1	0	10
15	地震がきたらどうすればいいの？（LLブック）	埼玉福祉会	2017	2017	3	6	9
16	ぶんぶくちゃがま（LLブック）	埼玉福祉会	2017	2018	1	7	8
17	知的障害や自閉症の人たちのための見てわかるビジネスマナー集	ジアース教育新社	2008	2009	1	0	8
18	ひろみとまゆこの2人だけのがいしゅつ（バスにのってまちまで）	清風堂書店出版部	2006	2013	2	1	8
19	こわいこともあるけれど（グループホームで暮らす）	Sプランニング	2009	2014	3	0	8
20	わたしとあなた（愛って性ってなんだろう，ちえおくれの人たちのために）	社会評論社	1991	1996	0	0	8
21	ぼくの家はかえで荘（LLブック）	埼玉福祉会	2017	2018	1	6	7
22	リーサのたのしい一日（乗りものサービスのバスがくる）	愛育社	2002	2013	2	0	7
23	私たちにも言わせてゆめときぼう（元気のでる本）	全日本精神薄弱者育成会	1993	1998	0	0	7
24	わたしのかぞく	-	2014	2015	1	0	6
25	わたしにであう本（じぶんらしく生きる）	全日本育成会	1994	2014	1	0	6
26	山頂にむかって	愛育社	2002	2013	1	0	6
27	美しくなりたいあなたへ	埼玉福祉会	2017	2017	3	2	5
28	パンケーキをつくろう！（LLブックにチャレンジシリーズ3）	専修大学アクセシブルメディア研究会（文学部野口ゼミナール）	2015	2017	2	3	5
29	赤いハイヒール（ある愛のものがたり）	日本障害者リハビリテーション協会	2006	2013	1	1	5
30	アサガオをそだてよう（LLブック）	埼玉福祉会	2017	2017	0	4	4
31	「働く」の教科書	中央法規出版	2013	2017	2	2	4
32	Bon appétit どうぞめしあがれ（自立生活ハンドブック 5）	全日本手をつなぐ育成会	1996	2017	2	2	4
33	はつ恋	樹村房	2017	2017	2	2	4
34	セミがうまれるよ（LLブック）	埼玉福祉会	2017	2018	0	3	3
35	あたらしいほうりつの本 2014	全国手をつなぐ育成会連合会	2014	2017	1	2	3
36	食（自立生活ハンドブック 8）	全日本手をつなぐ育成会	1999	2017	1	1	3
37	仕事に行ってきます 2	埼玉福祉会出版部	2018	2018	0	3	3

NO.	書名	出版社	発行年	受入年度	貸出数 2017年度	貸出数 2018年 4～10月	受入以降の累計
38	ぼくらのキャリアアップ（自立生活ハンドブック 10）	全日本手をつなぐ育成会	2001	2017	2	0	2
39	COOK ヘルシー（自立生活ハンドブック 15）	全日本手をつなぐ育成会	2004	2018	2	0	2
40	仕事に行ってきます 1	埼玉福祉会出版部	2018	2018	0	2	2
41	はじめてのメイク（LLブックにチャレンジシリーズ2）	専修大学アクセシブルメディア研究会（文学部野口ゼミナール）	2014	2017	1	1	2
42	大きな文字の漢字字典　さくいん巻	桜雲会	2017	2017	2	0	2
43	ひとりだち（自立生活ハンドブック 11）	全日本手をつなぐ育成会	2016	2017	1	0	1
44	COOK ヘルシー（自立生活ハンドブック 15）	全日本手をつなぐ育成会	2004	2018	0	1	1
45	大きな文字の漢字字典　上巻	桜雲会	2017	2017	1	0	1
46	大きな文字の漢字字典　下巻	桜雲会	2017	2017	1	0	1
47	わたし流でいこう　～みんなで話そう，これからの暮らし	全国手をつなぐ育成会連合会	2008	2017	0	0	0
48	からだ！！げんき!?（自立生活ハンドブック 4）	全日本手をつなぐ育成会	1996	2017	0	0	0
49	性 say 生（自立生活ハンドブック 16）	全日本手をつなぐ育成会	2005	2017	0	0	0

一般書

NO.	書名	出版社	発行年	受入年度	貸出数 2017年度	貸出数 2018年 4～10月	受入以降の累計
50	旭山動物園写真集	朝日出版社	2005	2005	0	2	60
51	関西私鉄比較探見　主要10社の現状と未来	JTBパブリッシング	2010	2010	1	0	60
52	新幹線イラストレイテッド　鉄道図鑑	イカロス出版	2004	2005	1	0	26
53	HAPPINESS　篠山紀信 at 東京ディズニーリゾート	講談社	2013	2013	5	3	22
54	ふたごのクマクマ	長崎出版	2009	2009	0	2	21
55	うにと秘密基地の仲間たち	文化学園文化出版局	2015	2015	2	1	19
56	ディズニーかわいいボールペンイラスト（ブティック・ムック）	ブティック社	2017	2017	3	9	12
57	兜虫　小檜山賢二写真集	出版芸術社	2014	2014	1	4	10
58	ボールペンイラスト大集合（ブティック・ムック）	ブティック社	2017	2017	3	3	6
59	日本の女優100人（別冊宝島／写真とエピソードで見るヒロインたちの肖像．完全保存版！昭和・平成「名女優」たちのすべて）	宝島社	2017	2017	1	0	1
60	あなたとわたしわたしとあなた（知的障害者からのメッセージ）	小学館	2012	2012	0	0	1

児童書

NO.	書名	出版社	発行年	受入年度	貸出数 2017年度	貸出数 2018年 4～10月	受入以降の累計
61	早わかり！鉄道のしくみ	集英社	1996	2004	2	0	141
62	星・星座（ニューワイド学研の図鑑）	学研	2006	2008	3	0	53
63	となりのトトロ	徳間書店	1988	2013	8	13	53
64	生活探検大図鑑	小学館	1994	2004	0	0	46
65	自動車大集合	ポプラ社	2013	2013	3	0	44
66	地球・気象（ニューワイド学研の図鑑）	学研	2008	2009	3	0	39

NO.	書名	出版社	発行年	受入年度	貸出数 2017年度	貸出数 2018年 4～10月	受入以降の累計
67	世界えじてん	パイインターナショナル	2015	2015	4	0	22
68	なんでもまるみえ大図鑑	河出書房新社	2014	2015	5	4	20
69	からだの不思議図鑑（ニューワイド学研の図鑑）	PHP研究所	2010	2012	1	0	18
70	きせつのぎょうじえほん	小学館	2014	2014	0	0	17
71	こどもことば絵じてん　増補新装版	三省堂	2016	2017	5	9	14
72	巻寿司のひみつ	学研プラスメディアビジネス部コンテンツ営業室	2017	2017	10	4	14
73	恐竜（学研の図鑑 LIVE POCKET）	学研プラス	2017	2017	2	9	11
74	宇宙（ニューワイド学研の図鑑）	学研	2000	2004	0	1	10
75	かっこいいぞ！ひこうき	イカロス出版	2016	2017	3	3	7
76	こどもことばつかいかた絵じてん　増補新装版	三省堂	2016	2017	2	3	5
77	植物（学研の図鑑 LIVE POCKET）	学研プラス	2016	2017	1	3	4
78	動物（学研の図鑑 LIVE POCKET）	学研プラス	2016	2017	3	1	4

大活字

NO.	書名	出版社	発行年	受入年度	貸出数 2017年度	貸出数 2018年 4～10月	受入以降の累計
79	鳥（学研の図鑑 LIVE POCKET）	学研プラス	2017	2017	1	2	3
80	かんたん健康法コツのコツ　1　毎日！歩いて走って	リブリオ出版	2007	2012	0	0	16
81	暮らし上手なマナーコツのコツ　1　おつきあいのマナー	リブリオ出版	2006	2006	0	0	6
82	暮らし上手なマナーコツのコツ　2　おつきあいのマナー	リブリオ出版	2006	2006	0	0	2

障害を知るための本

NO.	書名	出版社	発行年	受入年度	貸出数 2017年度	貸出数 2018年 4～10月	受入以降の累計
83	ありがとう，フォルカーせんせい	岩崎書店	2001	2004	2	3	84
84	怠けてなんかない！　ディスレクシア，読む・書く・記憶するのが困難なLDの子どもたち	岩崎書店	2003	2004	3	2	62
85	発達と障害を考える本　1　ふしぎだね!?自閉症のおともだち	ミネルヴァ書房	2006	2006	3	0	51
86	LD・ADHDへのソーシャルスキルトレーニング	日本文化科学社	2004	2004	0	3	47
87	ディスレクシアでも大丈夫！　読み書きの困難とステキな可能性	ぶどう社	2009	2009	3	3	43
88	怠けてなんかない！　ディスレクシア　0ゼロシーズン　読む・書く・記憶するのが苦手になるのを少しでも防ぐために	岩崎書店	2011	2011	3	4	41
89	怠けてなんかない！　ディスレクシア，2セカンドシーズン　あきらめない−読む・書く・記憶するのが苦手なLDの人たちの学び方・働き方	岩崎書店	2010	2010	9	2	41
90	発達と障害を考える本　3　ふしぎだね!?LD（学習障害）のおともだち	ミネルヴァ書房	2006	2006	4	0	38
91	よめたよ，リトル先生	岩崎書店	2010	2011	2	0	33
92	視覚シンボルで楽々コミュニケーション　複合媒体資料［1］障害者の暮らしに役立つシンボル1000	エンパワメント研究所	2010	2010	3	0	31
93	LLブックを届ける　やさしく読める本を知的障害・自閉症のある読者へ	読書工房	2009	2009	4	1	29
94	発達と障害を考える本　6　ふしぎだね!?知的障害のおともだち	ミネルヴァ書房	2007	2007	4	1	25
95	知的障害のある人のためのバリアフリーデザイン	彰国社	2003	2004	0	0	19
96	知的障害のことがよくわかる本　イラスト版	講談社	2007	2015	5	1	13

資料編4

桜井市立図書館LLブックコーナーの図書リストと貸出数

リストの数値がない部分は受入されていない期間、もしくは、コーナーの資料としていない期間にあたる。「冊数」は、数値の入っていない部分を除いた、その時点でのLLブックコーナーの資料数を表す。

NO	資料種別	書名	出版社	発行年	コーナー設置前	2017年度常設 1-5月	6-9月	展示① 10月	11月	12月	2017年度常設 1月	2月	3月	2017年度合計	2018年度常設 4月	5月	6月	7月	8月	展示② 9月	10月	2018年度合計	全合計
1	LLブック	学校コワイ	佐賀：ASDヴィレッジ出版	2013	0	1	5	2	1	2	0	0	0	11	0	0	0	1	1	2	1	5	16
2	LLブック	さんびきのこぶた (LLブック)	新座：埼玉福祉会	2017			7	2	1	2	0	0	0	12	0	0	0	0	0	1	0	1	13
3	LLブック	ぶんぶくちゃがま (LLブック)	新座：埼玉福祉会	2017			5	3	1	0	0	0	0	9	0	0	0	0	0	2	0	2	11
4	LLブック	せみがうまれるよ (LLブック)	新座：埼玉福祉会	2017			5	2	0	1	0	0	0	8	0	0	0	0	1	1	0	2	10
5	LLブック	ぼくの家はかえで荘 (LLブック やさしくよめる本)	新座：埼玉福祉会	2016	2	0	4	0	1	3	0	0	0	8	0	1	0	0	0	0	0	1	9
6	LLブック	地震がきたらどうすればいいの？(LLブック)	新座：埼玉福祉会	2017			3	2	1	1	0	0	0	7	0	0	0	0	0	2	0	2	9
7	LLブック	ブレーメンのおんがくたい (名作童話)	東京：樹村社	2018											0	0	0	3	2	3	1	9	9
8	LLブック	はじめてのメイク (LLブック ニチャレンジシリーズ 2)	川崎：専修大学メディア研究会 (文学部野口ゼミナール)	2014			1	2	1	1	0	0	0	5	0	0	0	0	0	0	1	1	6
9	LLブック	アサガオをそだてよう (LLブック)	新座：埼玉福祉会	2017			4	0	0	0	0	1	0	5	0	0	0	0	0	0	1	1	6
10	LLブック	仕事に行ってきます 1 (LLブック)	新座：埼玉福祉会出版部	2018											0	0	1	2	2	1	0	6	6
11	LLブック	仕事に行ってきます 2 (LLブック)	新座：埼玉福祉会出版部	2018											0	0	1	1	2	2	0	6	6
12	LLブック	イソップものがたり ちえくらべみっつのはなし (名作童話)	東京：樹村社	2018											0	0	1	2	1	2	0	6	6
13	LLブック	かさじぞう (名作童話)	東京：樹村社	2018											0	0	1	3	2	0	0	6	6
14	LLブック	はつ恋 (LLブック)	東京：樹村房	2017			2	0	0	0	1	0	1	4	0	0	0	0	0	0	0	0	4
15	LLブック	ら・ク・ック (S-planning ハンドブック 1)	東京：Sプランニング	2007	1	0	1	0	0	0	0	1	0	2	0	0	0	0	0	2	0	2	4
16	LLブック	ひとりでせんたく！ 知ってる？せんたく絵で見よう (わかりやすい資料サンプル 2)	東京：日本障害者リハビリテーション協会	2016			1	0	0	1	0	1	1	4	0	0	0	0	0	0	0	0	4
17	LLブック	わたしのかぞく LLブック なにが起こるかな？	東京：樹村房	2015	16	0	1	0	0	0	0	0	1	2	0	0	0	0	0	1	0	1	3
18	LLブック	あたらしいほうりつの本	大津市：全国手をつなぐ育成会連合会	2014	0	0	2	0	0	0	0	0	0	2	0	0	0	0	0	1	0	1	3
19	LLブック	食 (自立生活ハンドブック 8)	東京：全日本手をつなぐ育成会	1999	0	0	0	0	0	1	0	0	1	2	0	0	0	0	0	0	0	0	2
20	LLブック	グループホームで暮らす これから利用したいと思う人に	東京：Sプランニング	2008	0	0	1	0	1	0	0	0	0	2	0	0	0	0	0	0	0	0	2
21	LLブック	こわいこともあるけれど ルーフホームで暮らす (S-planning ハンドブック 4)	東京：Sプランニング	2009	0	0	1	0	0	0	0	0	0	1	0	0	0	1	0	0	0	1	2
22	LLブック	Bon app=tit どうぞめしあがれ (自立生活ハンドブック 5)	東京：全日本手をつなぐ育成会	1996	0	0	1	0	0	0	0	0	1	2	0	0	0	0	0	0	0	0	2

181

NO	資料種別	書名	出版社	発行年	コーナー設置前	2017年度常設			展示①			2017年度常設			2017年度合計	2018年度常設					展示②		2018年度合計	全合計
						4〜5月	6〜9月	10月	11月	12月	1月	2月	3月			4月	5月	6月	7月	8月	9月	10月		
23	LLブック	やさしいほうさい（わかりやすい資料サンプル 1)	東京：日本障害者リハビリテーション協会	2016		1	0	0	0	0	0	0	1	0	0	0	0	0	0	0	0	1
24	LLブック	病院へいこう けんこうにくらすために (S-planning ハンドブック 2)	東京：Sプランニング	2008	0	0	1	0	0	0	0	0	0	1	0	0	0	0	0	0	0	0	1
25	LLブック	パンケーキをつくろう！(LLブックにチャレンジシリーズ3)	川崎：専修大学アクセシブルメディア研究会（文学部野口ゼミナール）	2015		0	1	0	0	0	0	0	0	1	0	0	0	0	0	0	0	0	1
26	LLブック	いっぽんのせんとマヌエル	東京：偕成社	2017		0	0	0	1	0	0	0	0	1	0	0	0	0	0	0	0	0	1
27	LLブック	美しくなりたいあなたへ (LLブック)	新宿：埼玉福祉会	2017		0	0	0	0	0	0	0	1	1	0	0	0	0	0	0	0	0	1
28	LLブック	ぼくらのキャリアアップ 上を向いて歩いていこう	東京：全日本手をつなぐ育成会	2001	0	0	0	0	0	1	0	0	0	1	0	0	0	0	0	0	0	0	1
29	LLブック	わたし流でいこう みんなで話そう、これからの暮らし	東京：全日本手をつなぐ育成会	2007	0	0	0	1	0	0	0	0	0	1	0	0	0	0	0	0	0	0	1
30	LLブック	いや (S-planning ハンドブック 5)	東京：Sプランニング	2017		0	0	0	0	0	0	0	0	0	0	0	0	0	0	0	0	0	0
31	LLブック	きいて！！ (元気のでる本 8)	東京：全日本手をつなぐ育成会	2000	0	0	0	0	3	1	0	0	1	5	1	0	0	1	0	1	1	5	10
32	一般書	たのしいおかたづけ	[東京]：翔泳社	2015		0	2	1	0	0	0	0	1	4	0	0	0	0	0	0	0	0	4
33	一般書	自分について（ソーシャルストーリー文例集 1 ザ・グレイセンター季刊誌 Volume1, No.1)	佐賀：ASD ヴィレッジ出版	2010	0	2	1	0	0	0	0	0	0	3	0	0	0	0	0	0	0	0	3
34	一般書	学校について（ソーシャルストーリー文例集 3 ザ・グレイセンター季刊誌 Volume1, No.3)	佐賀：ASD ヴィレッジ出版	2009	0	1	1	0	0	0	0	0	0	2	0	0	0	0	0	0	0	0	2
35	一般書	家族について（ソーシャルストーリー文例集 2 ザ・グレイセンター季刊誌 Volume1, No.2)	佐賀：ASD ヴィレッジ出版	2008	0	1	0	0	0	0	0	0	0	1	0	0	0	0	0	0	0	0	1
36	一般書	自分について 2 一健康管理は自分でしよう！一 (ソーシャルストーリー文例集 5 ザ・グレイセンター季刊誌 Volume2, No.1)	佐賀：ASD ヴィレッジ出版	2011	0	0	1	0	0	0	0	0	0	1	0	0	0	1	1	1	1	4	4
37	児童書	ねこどこどこにゃあ（ことばランドシリーズ）	東京：小学館	2003		0	0	0	0	0	0	0	0	0	0	0	0	1	0	0	1	2	2
38	児童書	かごどぞう（わたしのえほん）	東京：PHP 研究所	2005	1	0	0	0	1	0	0	0	1	2	0	0	0	0	0	0	0	0	1
39	児童書	はるまでまってごらん	東京：ほるぷ出版	1995	21	0	0	0	0	0	0	0	0	0	0	0	0	1	0	1	0	5	17
40	さわる絵本	はらぺこあおむし 点字つき絵本	東京：偕成社	2007	8	3	3	1	2	2	0	0	1	12	0	0	0	1	0	1	3	5	17
41	さわる絵本	さわれるまなべるどうぶつ	東京：バイインターナショナル	2012														3	3	3	2	11	11
42	さわる絵本	さわってたのしむ点字つきえほん 2	東京：ポプラ社	2017														3	2	3	3	11	11
43	さわる絵本	さわるまなべるさわるくにのどうぶつ	東京：バイインターナショナル	2017													0	3	1	3	3	10	10

資料編4

		タイトル	出版地:出版社	出版年																
44	さわる絵本	さわってたのしむ点字のえほん 1	東京:ポプラ社	2017										2	3	3	2	10	10
45	さわる絵本	さわれるたべるどうぶつ	東京:バイインターナショナル	2015										2	2	2	3	9	9
46	さわる絵本	さわれるたべるみぢかなどうぶつ	東京:バイインターナショナル	2011										3	3	2	1	9	9
47	さわる絵本	ぐりとぐら てんじつきさわるえほん	東京:福音館書店	2013	4	0	1	1	2	0	0	0	5	0	0	1	1	3	8
48	さわる絵本	さわるめいろ 2 (てんじつきさわるえほん)	東京:小学館	2015	5	1	0	2	1	1	0	0	6	1	0	0	0	2	8
49	さわる絵本	こぐまちゃんとどうぶつえん (てんじつきさわるえほん)	東京:こぐま社	2013	3	0	2	2	2	0	1	0	6	0	0	1	1	2	8
50	さわる絵本	さわってたのしむ点字つきかん (てんじつきさわるえほん)	神戸:BL出版	2017								3		3	0	0	0	0	0	8
51	さわる絵本	さわれるたべるどうきょうりゅうたち	東京:バイインターナショナル	2016										2	3	2	1	8	8
52	さわる絵本	さわってごらんいまなんじ? (バリアフリーえほん 3)	東京:岩崎書店	1999	5	0	3	0	2	0	0	0	7	1	0	0	1	2	7
53	さわる絵本	さわるめいろ (てんじつきさわるえほん)	東京:小学館	2013	6	1	1	1	0	1	0	0	6	0	0	0	1	1	7
54	さわる絵本	さわるめいろ (てんじつきさわるえほん)	東京:小学館	2013	5	1	1	2	0	1	0	0	5	0	0	0	1	1	6
55	さわる絵本	じゃあじゃあびりびり のりものあかちゃんのほん (てんじつきさわるえほん)	東京:偕成社	2016	5	0	1	0	2	0	0	0	4	0	0	0	1	1	5
56	さわる絵本	そうくんのさんぽ (てんじつきさわるえほん)	東京:福音館書店	2016	4	0	0	0	0	0	0	0	2	0	0	0	0	0	4
57	さわる絵本	ちびまるのぼうけん 目の見えないる子も見えるみんなで楽しめる絵本 (さわる絵本)	東京:偕成社	2007	1	0	1	1	0	0	0	0	2	0	0	0	1	1	3
58	さわる絵本	たんぽぽぽぽたん (ユニバーサル絵本 7)	[さいたま]:ユニバーサルデザイン絵本センター	2005	3	0	2	2	0	0	0	0	2	0	0	0	0	0	2
59	さわる絵本	ゾウさんのハナのおはなし 日本語版 (ユニバーサルデザイン絵本 3)	[さいたま]:ユニバーサルデザイン絵本センター	2003	2	0	0	2	0	0	0	0	2	0	0	0	0	0	2
60	さわる絵本	てこぼこえかきうた さわってレッツおえかき (ユニバーサルデザイン絵本 2)	[さいたま]:ユニバーサルデザイン絵本センター	2002	1	2	0	0	2	0	0	0	2	0	0	0	0	0	2
61	さわる絵本	なないろのクラリ 日本語版 (ユニバーサルデザイン絵本 5)	[さいたま]:ユニバーサルデザイン絵本センター	2004	2	0	1	0	0	0	0	0	2	0	0	0	1	1	2
62	さわる絵本	はたはたはたふれ! せかいのはたとせかいちず (ユニバーサルデザイン絵本 17)	(東京):ユニバーサルデザイン絵本センター	2011	3	0	0	0	0	0	0	0	0	0	0	0	0	1	1
63	さわる絵本	チョウチョウのおやこ 見て,さわってたのしい絵本 (ユニバーサルデザイン絵本 4)	[さいたま]:ユニバーサルデザイン絵本センター	2003	2	0	0	0	0	0	0	0	0	0	0	0	0	0	0
64	さわる絵本	てんてん (ユニバーサルデザイン絵本 1)	[さいたま]:ユニバーサルデザイン絵本センター	2002	3	0	0	0	0	0	0	0	0	0	0	0	0	0	0

NO	資料種別	書名	出版社	発行年	コーナー設置前	2017年度常設 4-5月	6-9月	10月	展示① 11月	12月	2017年度常設 1月	2月	3月	2017年度合計	2018年度常設 4月	5月	6月	7月	8月	展示② 9月	10月	2018年度合計	全合計
65	さわる絵本	チョキチョキチョッキン	大阪：てんやく絵本ふれあい文庫	1996	35	0	0	0	0	0	0	0	0	0	0	0	0	0	0	0	0	0	0
66	さわる絵本	ねえおそらのあれなあに？（ユニバーサルデザイン絵本 16）	(東京)：ユニバーサルデザイン絵本センター	2010	2	0	0	0	0	0	0	0	0	0	0	0	0	0	0	0	0	0	0
67	さわる絵本	どんなおはなができるのかな？（ユニバーサルデザイン絵本 18）	(東京)：ユニバーサルデザイン絵本センター	2012	5	0	0	0	0	0	0	0	0	0	0	0	0	0	0	0	0	0	0
68	さわる絵本	これ、なあに？	東京：偕成社	1979																			0
69	さわる絵本	さわってごらんだれのかお？（バリアフリーえほん 1）	東京：岩崎書店	1999																			0
70	さわる絵本	サワッテゴランナンノハナ？（バリアフリーえほん 2）	東京：岩崎書店	1999																			0
71	障害を知るための本	発達障害うちの子、だいじょーぶ!?（こころライブラリー）	東京：講談社	2016	0	0	4	3	0	1	1	0	0	9	0	0	0	1	1	0	1	3	12
72	障害を知るための本	子どもの認知行動療法 6 イラスト版	東京：明石書店	2010	0	0	2	1	1	1	0	0	0	5	0	0	0	0	0	1	1	2	7
73	障害を知るための本	図書館のアクセシビリティ「合理的配慮」の提供へ向けて	東京：樹村房	2016	5	0	2	0	1	0	0	0	1	4	0	0	1	0	0	0	1	2	6
74	障害を知るための本	知的障害・発達障害のある人への合理的配慮 日立のためのコミュニケーション支援	京都：かもがわ出版	2015	0	0	0	0	0	2	0	0	0	2	1	0	0	1	0	0	1	3	5
75	障害を知るための本	子どもの認知行動療法 4 イラスト版	東京：明石書店	2009	0	0	0	1	0	1	0	0	0	2	0	0	1	0	0	0	1	2	4
76	障害を知るための本	1からわかる図書館の障害者サービス 誰もが使える図書館を目指して	東京：学文社	2015	0	0	0	0	1	0	1	0	0	2	0	0	1	1	0	0	0	2	4
77	障害を知るための本	LLブックを届ける やさしく読める本を知的障害・自閉症のある読者へ	東京：読書工房	2009	6	0	3	0	0	0	0	0	1	4	0	0	0	0	0	0	0	0	4
78	障害を知るための本	子どもの認知行動療法 5 イラスト版	東京：明石書店	2010	0	0	1	1	0	0	0	0	0	2	0	0	0	1	0	0	0	1	3
79	障害を知るための本	図書館等のためのわかりやすい資料提供ガイドライン	(東京)：日本障害者リハビリテーション協会	2017	0	0	0	0	0	1	0	0	0	1	0	0	0	0	0	0	0	0	1
80	障害を知るための本	一人ひとりの読書を支える 特別支援教育から見えてくるニーズとサポート	東京：読書工房	2010			0	0	0	1	0	0	0	1	0	0	0	0	0	0	0	0	1
81	障害を知るための本	本と人をつなぐ図書館員 障害者、赤ちゃんから高齢者まで	東京：読書工房	2008										0								0	0
82	障害を知るための本	障害のある人たちに向けたLLマンガへの招待 はたして「マンガはわかりやすい」のか	東京：樹村房	2018																		0	0
				合計	14	76	38	23	39	3	7	4	204	1	8	12	41	33	44	35	174	378
				冊数	46	57	58	62	63	64	64	64	64	64	68	75	81	81	82	82	82	82

河内長野市立図書館マルチメディアDAISY所蔵リスト

場所	タイトル	出版社
1F点字録音図書コーナー	もしも裁判員に選ばれたら	オフィス・コア
	わたしたちのできること	日本障害者リハビリテーション協会
	みんなちがってみんな一緒！障害者権利条約	日本障害者リハビリテーション協会
	児童の権利に関する条約	日本障害者リハビリテーション協会
	ディスレクシアのための図書館サービスのガイドライン	日本障害者リハビリテーション協会
	わかりやすくしてください	日本障害者リハビリテーション協会
	死ぬ前に決めておくこと	オフィス・コア
	「和」の行事えほん1	オフィス・コア
	九九	日本障害者リハビリテーション協会
	自閉症者からの紹介状	日本障害者リハビリテーション協会
	マッチ売りの少女	日本障害者リハビリテーション協会
	かぜふうふう	日本障害者リハビリテーション協会
	バースデーケーキができたよ！	日本障害者リハビリテーション協会
	白雪姫	日本障害者リハビリテーション協会
	耳無芳一の話	日本障害者リハビリテーション協会
	雪女	日本障害者リハビリテーション協会
	ねずみのよめいり	日本障害者リハビリテーション協会
	ガイコクジンじゃないもん！	日本障害者リハビリテーション協会
	三匹の子ぶた	日本障害者リハビリテーション協会
	ごんぎつね	日本障害者リハビリテーション協会
	手袋を買いに	日本障害者リハビリテーション協会
	銀河鉄道の夜	日本障害者リハビリテーション協会
	注文の多い料理店	日本障害者リハビリテーション協会
	どんぐりと山猫	日本障害者リハビリテーション協会
	あぶない！きけん！	日本障害者リハビリテーション協会
	アラジンとふしぎなランプ	日本障害者リハビリテーション協会
	アリ・ババと四十人のどろぼう	日本障害者リハビリテーション協会
	おはようおやすみ	日本障害者リハビリテーション協会
	船乗りシンドバッド	日本障害者リハビリテーション協会
	はなさかじい	日本障害者リハビリテーション協会
	マルチメディアDAISY書籍1	伊藤忠記念財団
	マルチメディアDAISY書籍2	伊藤忠記念財団
	マルチメディアDAISY書籍3	伊藤忠記念財団
	わいわい文庫 Ver.1　2012	公益財団法人伊藤忠記念財団
	わいわい文庫 Ver.2　2012	公益財団法人伊藤忠記念財団
	わいわい文庫 Ver.3　2012	公益財団法人伊藤忠記念財団
	わいわい文庫 Ver.1　2013	公益財団法人伊藤忠記念財団
	わいわい文庫 Ver.2　2013	公益財団法人伊藤忠記念財団
	わいわい文庫 Ver.3　2013	公益財団法人伊藤忠記念財団
	わいわい文庫 Ver.2　2014	公益財団法人伊藤忠記念財団
	わいわい文庫 Ver.3　2014	公益財団法人伊藤忠記念財団
	わいわい文庫 Ver.1　2015	公益財団法人伊藤忠記念財団
	わいわい文庫 Ver.2　2015	公益財団法人伊藤忠記念財団

場所	タイトル	出版社
1F点字録音図書コーナー	わいわい文庫 Ver.3　2015	公益財団法人伊藤忠記念財団
	わいわい文庫 Ver.3　2016	公益財団法人伊藤忠記念財団
	わいわい文庫 Ver.1　2017	公益財団法人伊藤忠記念財団
	わいわい文庫 Ver.2　2017	公益財団法人伊藤忠記念財団
	わいわい文庫 Ver.3　2017	公益財団法人伊藤忠記念財団
	わいわい文庫 Ver.1　2018	公益財団法人伊藤忠配念財団
	わいわい文庫 Ver.2　2018	公益財団法人伊藤忠記念財団
	わいわい文庫 Ver.3　2018	公益財団法人伊藤忠記念財団
	百人一首	日本障害者リハビリテーション協会
	蜘蛛の糸	日本障害者リハビリテーション協会
	羅生門	日本障害者リハビリテーション協会
	檸檬	日本障害者リハビリテーション協会
	古道具ほんなら堂	オフィス・コア
	走れメロス	日本障害者リハビリテーション協会
	眉山	日本障害者リハビリテーション協会
	高瀬舟	日本障害者リハビリテーション協会
	フランダースの犬	日本障害者リハビリテーション協会
	若草物語	日本障害者リハビリテーション協会
	賢者の贈りもの	日本障害者リハビリテーション協会
	赤いハイヒール	日本障害者リハビリテーション協会
わかりやすい本（LLブック）のコーナー	わいわい文庫 Ver. BLUE	公益財団法人伊藤忠記念財団
	わいわい文庫 Ver. BLUE	公益財団法人伊藤忠記念財団
	わいわい文庫 Ver. BLUE	公益財団法人伊藤忠記念財団
	わいわい文庫 Ver. BLUE	公益財団法人伊藤忠記念財団
	わいわい文庫 Ver. BLUE	公益財団法人伊藤忠記念財団
	わいわい文庫 Ver. BLUE	公益財団法人伊藤忠記念財団
	わいわい文庫 Ver.1　2014	公益財団法人伊藤忠記念財団
	わいわい文庫 Ver.1　2016	公益財団法人伊藤忠記念財団
	わいわい文庫 Ver.2　2016	公益財団法人伊藤忠記念財団

＊河内長野市立図書館，吹田市立千里山・佐井寺図書館，桜井市立図書館のいずれも，図書リストの資料種別「LLブック」への分類は，藤澤和子・服部敦司編著『LLブックを届ける：やさしく読める本を知的障害・自閉症のある読者へ』（読書工房，2009）の「LLブック・マルチメディアDAISY図書リスト」を参考とした。

謝辞

　本研究は，研究連携者の野口武悟先生，研究協力者の打浪文子先生，小尾隆一様，野村美佐子様，山内薫様，吉田くすほみ様，岩本高幸様をはじめとした研究協力図書館の図書館長の方々，研究協力員の長八七代様，澤井千聡様，加藤ひろの様，浅井育子様，塩川綾乃様，その他にも，海老澤昌子様（調布市立図書館），向田真理子様（生駒市教育委員会事務局生涯学習部），研究協力図書館の職員の皆様の協力を得て進めることができました。心から感謝申しあげます。

　3章の調査におきましては，全国手をつなぐ育成会連合会の協力を得ました。協力図書館の実践や講座につきまして，社会福祉法人さつき福祉会ワークセンターくすのき，社会福祉法人さつき福祉会さつき障害者作業所，吹田市立障害者支援交流センターあいほうぷ吹田，社会福祉法人聖徳園ワークメイト聖徳園，地域生活総合支援センターきらら，指定障害福祉サービス事業所さくらんぼの協力を得ました。調査と実践にご協力いただきました当事者やご家族，職員や支援者の皆さまに心から感謝申しあげます。ありがとうございました。

研究代表者　藤澤　和子

研究発表

2016年度から2018年度の本研究に関わる発表および研究成果を一覧する。

■書籍

藤澤和子・川﨑千加・多賀谷津也子企画・編集・制作『はつ恋』樹村房，2017．

吉村和真・藤澤和子・都留泰作編著『障害のある人たちに向けたLLマンガへの招待：はたして「マンガはわかりやすい」のか』樹村房，2018．

■雑誌論文

藤澤和子「公共図書館における知的障害のある利用者への合理的配慮」『図書館界』(68) 2，2016，pp.74-83．

藤澤和子「知的障害者の読書支援のために求められる本：当事者への調査を通して」『図書館界』(70) 2，2018，pp.448-456．

■その他雑誌等

藤澤和子「生涯を通した知的障害者への読書支援」『わいわい文庫活用術⑤』公益財団法人伊藤忠記念財団，2017，pp.4-7．

藤澤和子「公共図書館で実施した知的障害者支援のための読書サポート講座」『みんなの図書館』496，2018，pp.36-41．

藤澤和子・野口武悟・吉田くすほみ『NDCピクトグラム活用のススメ』（パンフレット）KIHARA，2018．

■学会発表等

野口武悟・藤澤和子『日本におけるLLブック出版の現状と展望』『日本出版学会2016年度秋季研究発表会予講集』2016，pp.8-13．

藤澤和子・野口武悟「知的障害者を対象とした公共図書館の利用実態とニーズ調査」『2017年度日本図書館情報学会春季研究集会発表論文集』2017，pp.63-66．

藤澤和子「知的障害者の読書に関する調査」『第43回日本コミュニケーション障害学会学術講演会抄録』(34) 3，2017，p.176．

吉田くすほみ・藤澤和子「知的障害者へ本を届けるための代読について」『第43回日本コミュニケーション障害学会学術講演会抄録』(34) 3，2017，p.153．

藤澤和子・野村美佐子・野口武悟・大塚栄一・浅井育子「LLブックやLL版利用

案内を中心とした知的障害者への図書館サービス」『第 103 回全国図書館大会第 10 分科会障害者サービス(2)』東京大会記録 2017, pp.119-134.

藤澤和子・岩本高幸「すべての人に資料を届けるために〜知的障害者と図書館」『第 19 回図書館総合展（平成 29 年度 神奈川県図書館協会主催）』2017.

藤澤和子・野村美佐子・打浪文子・澤井千聡・山内薫「知的障害者の読書支援のための公共図書館における合理的配慮：日本と海外の事例からの検証」『日本発達障害学会第 53 回研究大会発表論文集』自主シンポジウム, 2018, p.65.

藤澤和子・野口武悟「公共図書館における知的障害者支援のための読書サポート講座の評価と展望―参加者へのアンケート調査からの考察」『日本特殊教育学会第 56 回大会発表』（CD-R）2018.

藤澤和子・野口武悟・岩本高幸・小尾隆一・山内薫・吉田くすほみ「公共図書館における知的障害者支援のための読書サポート講座の実践」『日本特殊教育学会第 56 回大会発表論文集』自主シンポジウム（CD-R）2018.

藤澤和子・野口武悟・岩本高幸・浅井育子・澤井千聡「公共図書館でできる知的障害者への合理的配慮：3 館の公共図書館で取り組んだ実践事例報告」『第 20 回図書館総合展フォーラム』2018.

(2019 年 1 月現在)

さくいん

あ行

- アウトリーチサービス ……………… 113, 118
- 意思疎通の配慮 ………………………… 12
- 意思の表明 ……………………………… 10
- 移住 ……………………………………… 51
- 一般書 …………………………………… 81
- 絵 ………………………………………… 52
- 映画鑑賞 ………………………………… 28
- 閲覧 ……………………………………… 37
- 絵本 …………………………………… 45, 46
- 演劇 ……………………………………… 28
- オーディオブック ……………………… 23
- 音訳 …………………………………… 143
- 音訳ボランティア …………………… 142

か行

- 介護・高齢者施設 ……………………… 24
- ガイドヘルパー ……………………… 66, 135
- 貸出 ……………………………………… 37
- 貸出数 …………………………………… 81
- 学校図書館 ……………………………… 38
- 環境的配慮 …………………………… 156
- 漢字が少なく …………………………… 47
- 基礎的環境整備 ………………………… 6
- 機能障害者 ……………………………… 26
- 近畿視覚障害者情報サービス研究協議会（近畿視情協）……………… 91, 156
- 近畿視覚障害者情報サービス研究協議会 LLブック特別研究グループ ……… 58
- クールダウン …………………………… 35
- グループホーム ………………………… 27
- 劇指導者 ………………………………… 28
- 公益財団法人日本障害者リハビリテーション協会 ……………………… 53
- 公共図書館 …………………………… 1, 155
- 公共図書館における障害者サービスに関する調査研究 ………………………… 39
- 公共図書館の利用経験 ………………… 32
- 合理的配慮 ……………………… 1, 10, 11, 125
- 国際図書館連盟（IFLA）…………… 2, 14
- 国立国会図書館 ……………………… 6, 37
- 個室 …………………………… 37, 86, 156
- 個人（医学）モデル …………………… 5
- 個人貸出 ………………………………… 62
- コミュニケーションボード ………… 125, 127

さ行

- さわる絵本 ………………………… 23, 76, 83
- 視覚障害者 …………………………… 142
- 視覚障害者等の読書環境の整備の推進に関する法律（読書バリアフリー法）……… 6
- 事業所 ………………………………… 111
- 肢体不自由 ……………………………… 82
- 自動車文庫 …………………………… 116
- 自閉症 ……………………………… 19, 51, 82
- 社会福祉法人日本ライトハウス ……… 53
- 社会モデル ……………………………… 4
- 写真 ……………………………………… 52
- ジャンル ………………………………… 42
- 重度障害者 …………………………… 105
- 重度の人 ………………………………… 48
- 柔軟なルール・慣行の変更の配慮 …… 12
- 受刑者 …………………………………… 4
- 出張貸出 ……………………………… 127
- 手話 …………………………………… 23, 28
- 障害者 …………………………………… 4
- 障害者関係事業所 …………………… 135
- 障害者関連施設 ……………………… 140
- 障害者雇用 …………………………… 117
- 障害者サービス ……………………… 4, 6
- 障害者の権利に関する条約（障害者権利条約）……………………………………… 5
- 障害特性 ……………………… 2, 37, 125
- 障害を理由とする差別の解消の推進に関する法律（障害者差別解消法）……… 1, 5
- 少数グループ（マイノリティ）……… 4
- 常設コーナー ………………………… 80
- 職員によるわかりやすい対応 ………… 4
- 新図書館法 ………………………… 26, 29
- スウェーデン …………………………… 19
- ステップアップ講座 ………………… 145, 151
- ストックホルム ………………………… 26
- スピーチセラピスト …………………… 28
- 生活年齢に合う ……………………… 44, 47
- 成人教育連合会 ………………………… 25

191

全国手をつなぐ育成会連合会 ………… 31
先進事例 ………………………………… 3
専門職 …………………………………… 29
装丁 ……………………………………… 44

た行

大活字本 ………………………………… 73
代読 ………………………… 123, 132, 143
代読ボランティア ………………… 142, 144
代読ボランティアの養成 ……………… 154
大分類（類） …………………………… 57
対面朗読 ………………………………… 142
対面朗読室 ……………………………… 86
団体貸出 ………………………………… 112
知的機能の障害 ………………………… 9
知的障害 ………………………… 8, 9, 124
知的障害者 ………………………… 38, 44
知的障害者のニーズ …………………… 31
中軽度の人 ……………………………… 48
中分類（綱） …………………………… 57
聴覚障害者 ……………………………… 27
聴覚情報 ………………………………… 53
聴覚・触覚の使用 ……………………… 44
デイセンター …………………………… 27
展示期間 ………………………………… 80
点字（付き）絵本 ………………… 23, 74
点字図書 ………………………………… 73
点字文庫 ………………………………… 4
読書サポート講座 ……………………… 4
読書支援 …………………………… 47, 140
読書推進のプロジェクト ……………… 26
『読書との出会い』（Möten med läsning）
 ……………………………………………… 27
特別支援学校 ……………………… 27, 38
図書館員 ………………………………… 29
図書館体験ツアー ………………… 98, 111
図書館利用に障害のある人 …………… 4

な行

難易度 …………………………………… 52
日常生活能力 …………………………… 9
日本十進分類法（NDC） ……………… 56
入院患者 ………………………………… 4
認知症 …………………………………… 25

認知症のデイセンター ………………… 27
布の絵本 ………………………………… 83
乗り物 …………………………………… 45

は行

ハーレム公共図書館 …………………… 15
ハーニンゲ図書館 ……………………… 27
排架標示 ………………………………… 56
ハイライト表示 ………………………… 53
発達障害 ………………………………… 82
ピア・アンデション・ブレードラート … 26
ピクトグラム ………………… 23, 52, 57
表現形態 ………………………………… 42
ブックトーク …………………………… 129
ブックバス ……………………………… 27
物理的環境への配慮 …………………… 11
返却 ……………………………………… 37
ボランティア …………………………… 136

ま行

マルチメディアDAISY ………… 22, 53, 82
マンガ ……………………………… 45, 46
マンガリテラシー ……………………… 54
未利用者 ………………………………… 37
文字が大きい本 ………………………… 47
文字の表記方法 ………………………… 44

や行

ユニバーサル絵本 …………………… 73, 74
ユニバーサルコーナー ………………… 73
ユネスコ公共図書館宣言 ……………… 4
『ようこそ図書館へ』 …………… 58, 156
読み書き障害 ……………………… 22, 51
読み聞かせ ………………………… 123, 128
読みやすい図書のためのIFLA指針 … 3, 14
読みやすい場所 …………………… 15, 16
読みやすい文章の絵本 ………………… 22
よむ・きく・やすむへや ……………… 86
予約 ……………………………………… 37

ら行

- リーシェピング市立図書館 …………… 25
- 理解・啓発 …………………………… 156
- リハビリテーション ………………… 28
- 療育手帳 …………………………… 34, 41
- 利用経験 ……………………………… 37
- りんごの棚 ………………………… 15, 23
- ルビ …………………………………… 47
- レイアウト …………………………… 52
- 朗読 …………………………………… 28
- 朗読代理人 ………………………… 143
- 朗読代理人制度 ……………………… 24
- 録音図書 …………………………… 23, 53

わ行

- わいわい文庫 …………………… 54, 66, 84
- わかりやすい環境的配慮と情報提供 ……… 3
- わかりやすい情報提供 ……………… 156
- わかりやすい図書や視聴覚メディア資料 … 3
- わかりやすい文 ……………………… 47
- わかりやすい文や本 ………………… 44
- わかりやすい本（ほん）のコーナー … 68, 74
- わかりやすい（図書館）利用案内 …… 58, 156

アルファベット

- easy-to-read ………………………… 50
- FUB …………………………………… 24
- Lättläst ……………………………… 50
- LL 版図書館利用案内 ………………… 94
- LL ブック ………………………… 21, 50
- LL ブックコーナー ………………… 68, 76
- LL マンガ ………………………… 48, 54
- LPD（Library Serving Persons with Print Disabilities） …………………… 14
- LSN（Library Services to People with Special Needs） …………………… 14
- MTM（MYNDIGHETEN FÖR TILLGÄNGLIGA MEDIER） ……………… 23
- NDC ピクトグラム …………………… 57

研究組織

公共図書館における知的障害者への合理的配慮のあり方に関する研究
（2016 ～ 2018 年度）

　本研究は，図書館情報学と障害者に関わる福祉や教育学の両方の知見を合わせることで，目的を達成することができるものである。それぞれの専門性をもつ研究者や研究協力者，実践を担う研究協力図書館から成る研究組織で実施した。

研究代表者：藤澤　和子（大和大学保健医療学部教授）
研究連携者：野口　武悟（専修大学文学部教授）
研究協力者：打浪　文子（淑徳大学短期大学部准教授）
　　　　　　小尾　隆一（社会福祉法人大阪手をつなぐ育成会常務理事）
　　　　　　野村　美佐子（公益財団法人日本障害者リハビリテーション協会参与）
　　　　　　山内　薫（元墨田区立ひきふね図書館司書）
　　　　　　吉田　くすほみ（公益財団法人大阪特別支援教育振興会）
研究協力図書館と協力員（当時）：
　　吹田市立図書館
　　　吹田市立中央図書館／長　八七代（参事）・澤井　千聡（主査）
　　　吹田市立千里山・佐井寺図書館／加藤　ひろの（主任）
　　河内長野市立図書館／浅井　育子（主査）
　　桜井市立図書館／岩本　高幸（館長）・塩川　綾乃（司書）

執筆分担

藤澤　和子………1章1節・2節，2章2節，3章1節・2節，4章1節，5章各図書館による事例報告以外，6章1節・2節1・3節，7章各図書館による事例報告以外
野口　武悟………1章3節，3章1節，4章2節，6章3節
打浪　文子………6章2節2講座3
小尾　隆一………1章4節
野村　美佐子……2章1節
山内　薫…………4章3節，6章2節2講座4
吉田　くすほみ…6章2節2講座5・6
澤井　千聡………5章3節吹田市立中央図書館の事例
加藤　ひろの……5章1・2節吹田市立図書館・3節吹田市立千里山・佐井寺図書館の事例，資料編4
浅井　育子………5章河内長野市立図書館の事例，7章1節5河内長野市立図書館の事例，資料編4・5
岩本　高幸………5章3節3桜井市立図書館の事例
塩川　綾乃………5章1・2・3節1桜井市立図書館の事例，7章1節5桜井市立図書館の事例，資料編4

[編著者]

藤澤 和子(ふじさわ・かずこ)

同志社大学大学院文学研究科教育学専攻博士後期課程修了,博士(教育学)。京都府教職員(言語障害通級指導教室,特別支援学校等)を経て,現在,大和大学保健医療学部教授。専門は言語コミュニケーション障害学,特別支援教育。主著に,『旅行にいこう!』(共企画・編集・制作,樹村房,2019),『障害のある人たちに向けた LL マンガへの招待:はたして「マンガはわかりやすい」のか』(共編著,樹村房,2018),『はつ恋』(共企画・編集・制作,樹村房,2017),『視覚シンボルによるコミュニケーション支援に関する研究:日本版 PIC の開発と活用を通して』(風間書房,2011),『LL ブックを届ける:やさしく読める本を知的障害・自閉症のある読者へ』(共編著,読書工房,2009)がある。

公共図書館でできる知的障害者への合理的配慮

2019 年 11 月 25 日　初版第 1 刷発行

〈検印省略〉

編著者 © 藤澤和子
発行者　大塚栄一
発行所　株式会社 樹村房　JUSONBO

〒112-0002
東京都文京区小石川5-11-7
電　話　03-3868-7321
Ｆ Ａ Ｘ　03-6801-5202
振　替　00190-3-93169
http://www.jusonbo.co.jp/

印刷・製本　亜細亜印刷株式会社

ISBN978-4-88367-328-5　乱丁・落丁本は小社にてお取り替えいたします。